勇闖以色列

未知，是最好的安排

陳愉安 著

推薦序
眼見為憑 Seeing is Believing

—

我很榮幸也很高興被邀請為Ann的新書《未知，是最好的安排：勇闖以色列》寫推薦序。

我與Ann的第一次見面是在2019年8月的藝術展覽開幕式，當時我才剛抵達台灣不久，而眼前這位年輕女孩對以色列及以色列人的愛與熱情令我留下了深刻的印象。

我深信「眼見為憑」這句話！唯有親自拜訪、並在當地生活一段時間，才能深入理解該地人文，貼近當地思維。

而Ann正是如此！

她在以色列待了很長的時間，並不只是像個觀光客走馬看花，而是將她在這裡所體驗的每一天成為豐富的閱歷、結交以色列朋友，並順利地融入當地人的生活，成為我們的一份子。

Ann充分地體驗了以色列，並在她的書中生動地描述了她的奇妙旅程。她曾經也和許多其他台灣人一樣，對以色列並不了解，所見所聞多來自媒體報導。但如今Ann將一篇篇親歷的生活小故事分享給讀者，透過一位台灣女孩的視角，讀者能更容易理解以色列真實的面貌（包括人們的生活、思維、相處模式、文化習俗等等）。

Ann踏上了亞洲大陸的另一端，記錄下自己與這個「陌生」國家的文化、人民、食物、風景的邂逅；沒有刻意的目標，她只是讓自己盡可能地吸收，而擺在您面前的書便是一切經歷的美好果實。

我認為特別值得一提的是書中出現的攝影作品。Ann是位有天賦的攝影師，她透過鏡頭捕捉了以色列各種獨特的面貌，而這些照片更是昇華了閱讀體驗，能讓讀者在閱讀Ann的故事時彷彿也與她一起經歷了一趟以色列之旅。

以色列和台灣有許多相似的地方，卻也有很多獨特之處。在Ann豐富有趣的寫作風格下，以色列的本質將被更加真實地呈現在讀者眼前。

我將Ann的新書《未知，是最好的安排：勇闖以色列》視為一份公開邀請，邀請所有人親自體驗以色列。我希望它將鼓勵許多台灣人迫不及待收拾行囊，來到以色列拜訪我們。

我邀請您們來享受令人驚嘆的以色列 —— 揉合熱情好客的人民、歷史、文化和自然美景的地方 —— 親自體驗Ann在書中紀錄的美好。

以色列駐台北經濟文化辦事處代表
柯思畢

It is both an honor and a pleasure to have been invited to write this foreword for Ann's book "The Unknown Is the Best Arrangement: Go to Israel Bravely".

I first met Ann a short time after I arrived in Taiwan in August 2019 and I was very impressed by her passion and love for Israel and its people.

I am a great believer in the phrase: "seeing is believing". There is no better way to know a place in the deepest and most meaningful manner than to go and to stay there over a period of time.

Ann did just that. She spent a relatively long time in Israel but more importantly, she did not just tour the country as a passing tourist but turned her stay in Israel into a learning experience that enriched her profoundly. She made many friends and was personally involved in the daily life of many Israelis whom she met along the way.

Ann has experienced Israel to its fullest and this amazing journey of hers is described vividly in her book. This is a personal diary that gives the reader a unique angle on Israel, through the eyes of a young Taiwanese woman who, like many other Taiwanese of her age, did not know much about Israel and what she did, came mainly from the media.

Ann went to Israel, the country on the other side of the Asian continent, and wrote about her encounters with the culture, the people, the food and the landscape of this "strange" country. Without knowing exactly what to expect, she allowed herself to absorb as much as possible and the outcome is the marvelous book before you.

It is especially worth mentioning the photos that appear in the book. Ann, a gifted photographer, was able to capture the different faces of Israel with her camera. The photos supplement the reading experience and together provide the reader with a holistic illustration of Ann's story and insights.

Israel and Taiwan share many similarities but there are also many things that differentiate them. Ann depicts both in a colorful and interesting writing style so that the reader receives a genuine feeling of what Israel is all about.

I like to see Ann's book as an open invitation, an invitation for everyone to come to Israel and to experience it for themselves. I hope it will encourage many people in Taiwan to pack a bag and come visit us in Israel soon.

I invite you all to come enjoy amazing Israel - the hospitality and warmth of its people, its history, its culture and its natural beauty - the way Ann has so successfully depicted in her beautiful book.

Representative,
Israel Economic and Cultural Office in Taipei
Omer Caspi

推薦序

愛上迷樣的以色列

這是一本很生活的故事書，非常好看，看了會著迷，值得一讀再讀。

這是一本豐富的以色列人物誌，有深度哲理的猶太人生活雜記、猶太節慶總攬與紀實、猶太家庭與課堂裡學校教育的剪影、與傳統市集與沙漠冒險的趣事。

這也是一本攝影集與素描冊，有震懾人心的鏡頭，有用簡單線條勾勒出的臉龐，親切動人。

如果你想認識以色列的人物，書中活生生地寫了拍了，看了就很愛很想跟他們成為朋友。

如果你想知道以色列的節慶，書中完整地為你呈現了，且有節慶活動的鮮活照片與現場實景。

如果你想了解以色列老師的教學理念與技巧，以色列教育的哲理，你會驚喜。

如果你想體會以色列家庭為何維繫得如此緊密長久，你就不能不看好幾篇精彩的猶太家庭接待Ann的零距離側影。

如果你想欣賞以色列人物與生活場景的照片，那，你更不能錯過本書的攝影集。

又或，如果你只是想看一本書，那麼，這是一本讓你著迷的故事書。

作者Ann是主修舞台設計的北藝大學生，2016年跟著牧師的團去以色列，就愛上了以色列，開始學希伯來文，也因此，在老師推薦下，2017年10月參加了交換學生計劃到以色列貝札雷Bezalel藝術學院一年，2018年7月回台後，因思念以色列，2018年11月又去了以色列一個月，2019

年11月再度踏上以色列國度兩個月，以一個年紀輕輕的交換學生身份，勇闖以色列。

雖然時間短暫，但是，Ann用親身經歷，用珍惜的心，以筆以相機以素描抓住每一個稍縱即逝的場景與人物，記錄了珍貴的霎那永恆；然而，更可貴的是，作者年紀輕輕，卻能以超乎想像的成熟思維，藝術人的敏銳細緻觀察，勇闖以色列大街小巷的冒險精神，取得第一手資訊，作為舞台劇與歷史書的原創素材，再以舞台劇編撰的素養與技巧，巧妙地結構出成這本書。想像中，似乎是，Ann在闖蕩以色列時，心中早已有了藍圖，依著藍圖尋尋覓覓了寶貴的素材；然而，書中許多故事卻又充滿了「即興」與「驚喜」，所以，看起來卻又不是完全依著藍圖去闖的。那麼，到底是先有劇本再蒐集素材，還是有了素材，因而構思了劇本呢？真是個謎；或許，就是作者Ann說的「未知，是最好的安排」吧。

又或許，作者心中有定見，又能用khutzpah精神，勇闖以色列，反覆辯證累積互補，這就將不可知未知的世界，精煉了成了如此深入淺出的劇作。

是哪一種？很想知道各位看官的讀後心得。

這本書的好看，在於它是一幕幕生活舞台劇，看了第一幕之後，就迫不及待要看下一幕，看完了一幕之後，好奇地想看同主題的下一幕，殊不知，作者已經戲劇性地轉到新的場幕，留下略有悵然卻充滿好奇的觀眾一絲絲自由想像的空白；此時，新場幕的精彩故事即刻抓住了心思意念，隨即展開一齣齣新戲，讓人迷入了作者鋪陳的猶太人物、歷史、市井生活、學校生活、節慶生活，並且，自然地帶出了獨特而美好的猶太民族的信仰與生活哲理。

這齣劇本共有3場，6幕，83個故事。場景遍及以色列聖城歷史大街小巷著名景點、學校、猶太家庭、市集；人物極其豐富，角色超俗獨特，由教師、宗教人、同學、路人、作者Ann聯合演出。

第一場主題是：「荊棘叢中開出花」。用〈8323公里外的溫暖〉、〈教育與思維〉、〈砂礫與滿足〉，三幕劇帶出以色列的人物、教育、思想輪廓。

第二場主題是：「曠野裡聽見話語」。用〈堅韌與傳承〉來彙編傳統的節慶，尋找猶太文化根源，用〈邂逅與擁抱〉來記錄節慶中有血有肉的人味，以及「根」之所在。

第三場主題是：「明年耶路撒冷見」。用〈反思與想念〉，道出了作者愛上以色列後的文化衝擊、反省、對照，以及迷戀那為之生為之死的價值「根」的錯綜複雜，為持續探索啟動了新的旅程。

其中，第一幕〈8323公里外的溫暖〉，一口氣帶出了好幾位令人愛不釋手的人物，就已深深啟發我迫不及待地想要看完全劇。

在這幕序曲裡，有充滿智慧熱愛學生有教學熱誠的暖老師Neta，看見新同學Ann走進教室來上第一堂課，就用溫暖又實在的言語問候：「welcome! 我猜你應該需要翻譯！」立即有五位學生舉手要幫忙，這些自然的舉動，釋放了Ann不安的心，展開一學期的學習，課堂上精彩的師生對話，是藝術學的圭臬。在學期結束後，Neta老師親邀Ann到特拉維夫她珍愛的居家studio，在她的畫室單獨給Ann上了一堂生命交流課程。離別時，那句 "of course I'll miss you too! You are part of my life now!" 更是刻骨銘心，讓我激盪不已，相信也在Ann的心靈中留下了不可磨滅的典範，在人生的歲月裡，有一天為人師，也當如此款待學生，成為學生的終身朋友，教導學生，給予學生持續的啟發與幫助。

還有初次上課就幫Ann記筆記的暖同學Nadia，書中精彩的描述：下課時，我正整理包包準備走出教室，迎面走來一位濃眉大眼的女同學，她遞給我兩張紙，說道：「這是我幫妳記的英文筆記，希望對妳有幫助！」輔以Ann素描的Nadia濃眉大眼臉龐，讓我看見在第一堂課，為一位陌生的同學默默地將希伯來問翻譯成英文筆記的Nadia，是如此真實地存在。

還有猶太年輕媽媽Saray用她所有的來款待素昧平生的外國女孩，有路旁的市井小民，外表獨特內情的宗教人，有沙漠困境中即時主動幫助的天使……。每一位人物都是Ann在以色列的貴人，栩栩如生，讀著文字看著照片，彷如我也身歷其境，感受了他們那發自真情的待人處事風範，那麼自然地把Ann當作真朋友，毫無顧忌毫無保留，任性揮灑在一位他鄉的孤獨小女孩身上，無疑，這是令人著迷令人感動的。

其他的場次與幕劇，有猶太家庭的生活，有猶太節慶的全覽與寫真，有藝術教室課堂上的經典對話，有旅遊冒險奇遇，有平常市井生活的點滴，我若一一介紹，將會是一本厚厚的新書了，不再敘述，就留待閱眾自己觀賞體會了。

我跟Ann只有一面之緣，是在2019年台以商會的以色列文化推廣會上認識的，印象中，Ann是瘦弱女子，炯炯深邃的眼神卻令人印象深刻。她跟我提過曾參與交換學生計畫去以色列，卻沒想到在2020年的此刻，全世界都陷入COVID-19的驚慌時，Ann突然給我一個簡短的line，請我這素昧平生的長者寫序，讓我受寵若驚。算算，我們足足相差了45歲，我只去了一次以色列，我又何德能為她寫序呢？仔細思量Ann找我的原因，或許是，雖然只有一次的見面，但她觀察到我會希伯來文，還在商會裡唱了兩首希伯來歌，她那好奇與敏銳的觀察特質被觸碰了，留下了我這個人物的印象，並且，很大膽地勇闖我的line，冒險地邀請我。因著這份心思，我在兩個禮拜的拾穗日子裡，反覆讀了每一篇文章，遨遊在Ann所創造的劇裡，非常享受，並將我的感受用line跟Ann分享，Ann也感到欣慰，並一直說，等到編輯把她的照片整理後給我，我看了會更有體會，很顯然，她非常珍惜照片與文字結合的魅力。果不其然，在看了照片之後，文字劇中的場景與人物，跳出來了，角色鮮明了，故事更精彩地呈現了。

這段因緣際會，也勾起我的一小段以色列記憶。個人在2011年造訪以色列短短幾天，回台後，就不顧一切邀我的老伴一起去學希伯來文，並寫了一篇〈迷 • 以色列〉的文字，作為愛上以色列的典藏。讀了Ann這本書，竟然發現我們雖是不同年齡，在不同時空，觸碰了以色列，卻都充滿了「迷」心緒的演變。初期是「迷惑」，不解在很不平安的環境中，以色列人為何口口聲聲說Shalom，互道平安？為何猶太民族在數千年的離散歲月裡，傳承延續了猶太民族的文化，有深而堅韌的根？但是隨著更多接觸以色列的語言，人，與各層生活的點滴，那迷惑，很自然地轉成「著迷」了。

很感恩有如此福氣寫序，此時，COVID-19仍肆虐全球，影響生活，不知明日將如何。也讓人類深沈地檢視與反省，赫然驚覺沒有善盡上帝把創造的美好世界交給我們管理的神聖責任，反倒因為我們的無限貪婪，無盡地搶奪了世界的美好，破壞了永續生態，造成大自然的反撲，用病毒用各種災害來示警。面對未知的未來，讀了Ann的這劇本式的故事書，看著張張震懾人心的攝影作品，不禁要說：是的，未知，是最好的安排。讓我們謙卑地回到上帝起初創造的美好，回到那美好的「根」源，一起用勇闖以色列的精神，勇闖世界。讓美好的事情發生，讓something is happening的美好，不只發生在耶路撒冷，也成就在有你有我走過的腳蹤上，在台灣，在這世界的每一角落，在每一個珍貴的生命裡。

雄獅集團前總經理

裴信祐

2020.08.08

推薦序
8323公里外的家鄉

—

第一次和Ann見面是在一家名叫Toasteria的以色列餐廳，由於我們對以色列的情感，早已是臉書上的好友，對於身為台灣媳婦的我，Ann的照片一直是我一解思鄉之情的良方。她在以色列拍的照片與影片，場景不一定是熱門景點，沒有觀光客的絢爛浮誇，但就是我認識的以色列，那個我從小到大成長的地方。我們在以色列餐廳的地中海音樂中，像老友般，聊了一下午的以色列。除了第一眼看到她那份似曾相識的親切外，這個靦腆台灣女孩對以色列的了解，也讓我大開了眼界。

這些年來一直在台灣與以色列這個領域努力的我們，Ann也一直沒有缺席，她透過影音、攝影與設計，將她認識的以色列用最生動與寫實的方式呈現，其實Ann的故事是一個勇於走出舒適圈的台灣女孩的冒險故事，聖經中神告訴亞伯拉罕，你要離開你的本地本家，往我應許你的方向前去。就在這樣的熱忱下，三年前，Ann到了以色列，開始了她在以色列的求學與文化體驗。

Ann這本書寫成的此時，正是全球疫情肆虐的時代，在世界交流一切看似靜止的此時，也是一個人最適合去感受自己內心的同時。我們是否因為每天的日常工作，忘卻了自己愛探索與冒險的本心，我們是否因為每天重複的生活，以為這個世界就是我們看到的那麼大。我們刻版印象的以為本應如此的決定，是否還有其他的可能？在8323公里外的以色列，Ann的書給了我們一個可以一窺神秘國度的眼界，書中帶領你踏上探險旅行。

在我們相識的最初，Ann告訴我她要寫一本書，寫一本以色列的書。她的自信讓我相信，有朝一日，她一定會夢想成真。而她的夢想成真也會鼓勵更多人的夢想成真，現在你也可以和我一樣，跟著Ann的腳步，隨著Ann的鏡頭，走過這個台灣女孩的冒險之旅，也希望當你隨著這本書走到Ann冒險的終點，也是你自己那本書冒險的起點。更希望你能透過這本書，了解我那深愛的故鄉——以色列。

Shalom。

逐夢有限公司 創辦人兼執行長
林雨夢Meital Margulis Lin

年紀輕輕又才華洋溢的小安，細膩地觀察與描述以色列，從她的冒險故事中流露出對以色列強大的喜愛，非常有震撼力！推薦給面對未知的所有人，透過此書認識猶太民族以及獨特的以色列精神！

——以色列美角（百萬部落客）

我第一次遇見Ann是在耶路撒冷，她眼神中帶著堅定與勇敢，是位追尋自己所相信的台灣女孩。

讓我們一同來感受與認識，她對以色列的那份單純堅定情感吧~

——波阿斯（創業家旅人）

閱讀時激動會想哭，非常想念以色列……腦海中頻頻出現一句經文：「耶路撒冷啊，我若忘記你，情願我的右手忘記技巧。」（詩篇137:5）盼世人都能認識以色列！

——陳湘琪（金馬影后／北藝大副教授）

未知，是最好的安排：勇闖以色列

—

2016年9月，是我第一次跟團去以色列旅遊。拿到報名表的那一刻，還完全不清楚以色列是怎麼一回事。如同大部分台灣人一樣，腦中浮現的是盡是中東、戰亂、聖地、沙漠……一定很危險吧！然而基於好奇心我還是想去看看，硬著頭皮博得媽媽好不容易的首肯。短短12天的旅程，使我對這個國家深深著迷，第一次踏上遙遠的中東國家，心裡卻不感到緊張害怕；聽不懂語言、看不懂路標，竟絲毫不曾著急徬徨。踩在這想都沒想過的土地上，取而代之的是說不上來的踏實與安心，彷彿被深深地環抱著，一個陌生的國度，讓我有了「家」的歸屬感。

回到台灣後，似乎已有某部分與以色列連結，好像有一部份的自己仍留在以色列，總感覺與以色列的關係並非僅此而已；她並不只是我所旅遊的國家之一，我很想念以色列，我想更認識這個國家，我想深入了解她的文化，甚至，我想「回去」以色列——這是其他造訪過的國家不曾給過我的感受。當時已經大四的我，壓根兒沒想過要出國當交換學生，卻在系上老師陳湘琪老師的介紹下，得知北藝大在以色列有姐妹校，因此於2017年便二話不說去申請交換。我很清楚知道自己並非為了當交換學生，才選以色列；而是因為「以色列」，才去交換。

בס"ד

《未知，是最好的安排：勇闖以色列》這個書名的概念取自於創世記 12:1「你要離開本地、本族、父家，往我所要指示你的地去。」——出發去以色列交換前，神對亞伯拉罕說的這句話反覆出現在我耳邊（當時神要亞伯拉罕離開他原本所住的地方，往神要指示他的地方去；亞伯拉罕根本不知道要去哪裡，卻還是憑著信心勇敢地去了，最後神帶領他到迦南地——以色列，並成為歷史歷代以色列人的始祖）。這與我當時出發前的心境不謀而合，不到一年的時間，從完全不認識以色列，到即將獨自在那裡留學生活，一切發生得很快，我其實還沒弄明白自己為什麼要去、根本不算了解這個國家、有的資訊也不多，從來不曾離開家到他鄉獨自生活，然而我心裡唯一很確定的是「去以色列」。

書中的篇章集結了我在旅途中發生的故事，透過與當地人相處而學習到的文化與思維；甚至也有許多故事在發生的當下不曉得為什麼，卻在事後回頭看才明白。我想像來自東方的我走入一片曠野，看到漂泊的猶太民族（不論是亞伯拉罕從示劍走到迦南、以色列人從埃及走回耶路撒冷或是二戰後顛沛流離的猶太人），我加入他們的行列，參與他們的生活，記錄下所見所聞。

地名／特殊名詞介紹

• **以色列** Israel（**希伯來語：ישראל；阿拉伯語：إسرائيل**）

1948年5月14日獨立建國，土地面積為21,946平方公里，人口900餘萬，主要人口為猶太人，主要語言為希伯來語、阿拉伯語，通用英語。

以色列位於亞歐大陸交界處，自古為各民族交匯之處。

地理位置：位處阿拉伯半島西北角、地中海東岸和紅海亞喀巴灣北岸，與巴勒斯坦領土（約旦河西岸地區、加薩走廊）交錯相鄰，北接黎巴嫩，東北鄰敘利亞，東與約旦接壤，西南則為埃及西奈半島。

以色列首都為耶路撒冷，經濟中心為特拉維夫（外國使館駐地）。

族群：74.2%猶太裔，20.9%阿拉伯裔，4.8%其他族群。（2019年統計資料）

該國75.4%是猶太教徒，16.9%是穆斯林，2.1%基督徒，1.7%德魯茲派，剩餘4.0%信仰其他宗教或不信宗教。（2011年資料統計）

1 2 1.以色列國旗。2.以色列國徽。

• **耶路撒冷** Jerusalem
(**希伯來語**：**ירושלים**，**阿拉伯語**：القُدس)
以色列首都，以色列最大城市，全球宗教重鎮，耶路撒冷內重要宗教聖地包含：猶太教的西牆和聖殿山、穆斯林的圓頂清真寺和阿克薩清真寺，以及基督徒的聖墓教堂和苦路。2020年統計，耶路撒冷市區面積為126平方公里，人口約86萬人。

• **特拉維夫** Tel Aviv
(**希伯來語**：**תל-אביב**)
以色列第二大城市。2020年統計，市區面積51.76平方公里，人口有41萬，是以色列最大的都會區，是該國人口最稠密的地帶，也是以色列的經濟樞紐。特拉維夫被認為已逐步成為世界級城市，並被列為中東生活費用最昂貴的大城市。

• **海法** Haifa
(**希伯來語**：**חיפה**，**阿拉伯語**：حَيْفَا)
以色列北部港口城市，西瀕地中海，背倚迦密山。目前海法是以色列第三大城市，僅次於西耶路撒冷和特拉維夫。2020年統計，該市面積為60平方公里，都市區人口達到26萬人。

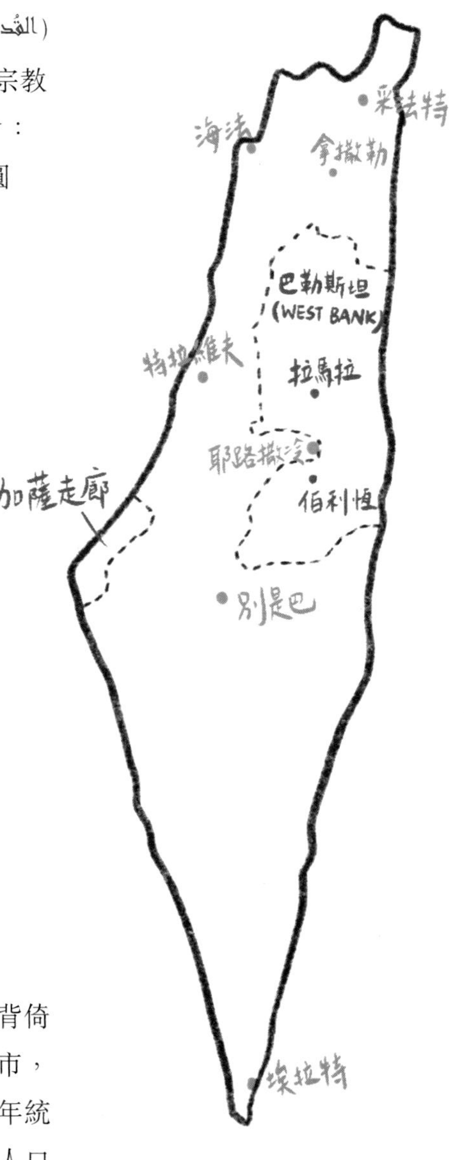

以色列地理位置。

• **采法特** Tsfat （**希伯來語**：צפת；**阿拉伯語**：صفد）

以色列北部城市。采法特和耶路撒冷、提比里亞和希布倫一起被列為猶太教四大聖城之一。

• **別是巴** Beer Sheva（**希伯來語**：באר שבע；**阿拉伯語**：بِئْر اَلسَّبْع）

又譯作「貝爾謝巴」，是以色列內蓋夫沙漠最大的城市，通常稱為「內蓋夫之都」。以色列第七大城市，別是巴是以色列南區的行政中心。

• **埃拉特** Eilat（**希伯來語**：אילת；**阿拉伯語**：إيلات）

是以色列最南端的港口城市，位於紅海阿卡巴灣北端，免稅城市，為以色列人國內度假勝地。

• **伯利恆** Bethleham（**希伯來語**：בית לחם；**阿拉伯語**：بيت لحم）

是一座位於巴勒斯坦西岸地區的城市，座落在耶路撒冷以南10公里處，人口約3萬人。對於基督教而言，伯利恆是耶穌的出生地，聖誕教堂是當地文化和旅遊業的中心。

• **拉馬拉** Ramallah （**阿拉伯語**：رام الله）

巴勒斯坦的一個重要城市，位於約旦河西岸拉馬拉和比雷赫省，在東耶路撒冷以北約10公里。人口35,140（2016年）。拉馬拉是巴勒斯坦民族權力機構（巴勒斯坦自治政府）總部所在地。

巴勒斯坦國旗。

• **新舍客勒** New Shekel （**希伯來語**：שקל חדש）

又譯作「新謝克爾」，貨幣符號：₪，是以色列的官方貨幣，標準代號為ILS，常用縮寫：NIS。

匯率換算：1NIS = 8.6 TWD

新舍客勒硬幣。

新舍客勒紙幣。

目錄

contents

目錄

Part1.荊棘叢中開出花 ◇

土生土長的以色列人有一個特別的稱號צבר（/tzabar/，仙人掌），形容他們如同仙人掌般生長在很不容易的環境。對我而言，因著他們生活環境的艱難，發展出許多與眾不同的思考模式、教育觀念，使他們能在充滿砂礫的生活中屹立不搖，綻放出令人驚豔的奇蹟。而看似自我防衛意識很高、很tough的以色列人其實更如同仙人掌般，內心十分柔軟溫暖，一旦成為朋友，便是一輩子的情誼。

Part2.曠野裡聽見話語 ◇

「曠野」的希伯來文是 מדבר，而它與「話語」דבר 只差在第一個字母מ（from）。有人說可以將「曠野」解釋為「話語出現的地方」，我很喜歡這個說法，以色列人在曠野漂流的日子裡清楚聽見神的聲音，緊緊抓住祂的話語，經歷許多奇妙的神蹟回到以色列。或許正因如此，我的以色列朋友能夠倒背如流地告訴我猶太節日典故，娓娓道來神是如何一路看顧帶領他們的祖先，從世世代代直到如今。

Part3.明年耶路撒冷見 ◇

耶路撒冷，是以色列人的信仰中心，也是整個猶太民族二千年來，靈裡永遠的家鄉。當猶太子民被趕散到列國去時，彼此見面總是會說一句：「明年耶路撒冷見！（לשנה הבאה בירושלים）」而住在耶路撒冷一年，回到台灣的我，心裡總是時刻掛念著以色列情勢、以色列朋友，心中給自己立下的願望：每一年我都要再回去！也期盼能讓更多台灣人認識以色列，明年在耶路撒冷相會。

勇敢地離開，走向未知，往前看模模糊糊，往後看卻清清楚楚，才發現原來一切都是最好的安排。

בס"ד

YOU ARE IN ISRAEL, SO YOU HAVE TO BE חוצפה !

但是妳現在在以色列啊，妳必須有虎刺巴精神！

—

我要來講一個久遠卻深刻的故事：

一開始填寫台北藝術大學到以色列貝札雷藝術學院交換申請表時，憨膽不怕死的我一心想著要待就要待久一點！直接填寫申請交換一學年（兩學期），交由系上審核，學院審核，學校審核，最後送至對方學校審核，歷經五個月的等待，最後因著學校規定，只被允許交換一學期（從2017年10月到2018年2月結束）。

出發去以色列前，我不死心詢問了台北藝術大學國際辦事處若想延長交換該如何申請？學校淡淡地回覆我說必須自己去跟以色列學校申請。我帶著一點可惜但還保有一點希望的心情踏上旅程，內心深處卻知道自己必須更加把握在以色列生活的每一天。

在以色列生活了兩個月後，與這片土地的契合及情感日漸深厚，從客人的身分轉為家人，數算留下來的日子，越發不捨，我才正要了解，怎麼可以因著規範就被分開？於是我提起勇氣在11月多寫email詢問以色列學校的國際學生辦事處若要延長交換期限要向哪個單位提出並如何申請？等了幾天都沒得到回信，再寫信去問一次，得到的回覆竟是短短的「抱歉，我幫妳問了系上，沒辦法延長。」

看著回信，我超絕望，心想：天哪！我只能在這個我愛的國家與我愛的朋友們相處短短5個月嗎？我盡心盡力的在每一項科目做到最好，用心了解這個國家的文化民情，更以真誠建立美好的關係，但這封回信拒絕我卻沒有任何理由，我甚至連他是不是真的有幫我問過我都不知道！即使再難過、不服氣，照我的個性只能認命的回覆：「了解，謝謝。」

我回到家絕望地窩在被裡，傳訊息給我的以色列朋友們，告訴他們我有多傷心、多沮喪，他們竟不約而同地說：「那妳就再去申請啊！」我說但這對我們東方人而言是很困難的事，尤其在台灣你被教導要謙遜有禮、預想別人的難處，甚至知難而退，不為難對方。被拒絕了還死命去吵實在有違我們文化的耳濡目染啊！

「但是妳現在在以色列！妳就要用以色列的精神חוצפה！（/khutzpah/，厚臉皮、勇敢、沒有不好意思）如果妳真的很想要，就去爭取到妳得到為止！」

他們堅定的態度鼓舞了我，使我的勇氣大幅被提升：對！我真的很想要！如果我就這麼接受了，我一定會留下遺憾。因此我決定勇敢一次，去找系主任Sarah當面談這件事！

我與Sarah素昧平生，Sarah是法國回歸的猶太人，有著金色的波浪捲髮，搽著鮮紅色口紅，聽說她才新上任，不知道好不好說話，我戰戰兢兢守在系主任辦公室門口等她，等了將近20分鐘後，她氣勢非凡地踩著高跟鞋走向辦公室，Sarah看到我，親切問道：「Hi，妳找我嗎？」

我露出無辜小狗般的眼神點點頭，說：「嗯…我有些事情想跟妳談。」

「進來吧！」

進到辦公室她一把扔下手機與菸盒，坐下來專心看著我聽我要說什麼，對談過程中我緊張得直冒汗，告訴她我想留下來的原因以及我「應該」留下來的理由。Sarah比我想像的更加親切，她拿筆記下我提出的訴求，她說她了解了但這是她上任後第一次碰到這個情況，不確定是否有權力決定，還需要和國際學生辦事處開會，會幫我爭取看看再告知我。

離開辦公室後，覺得自己完成了一件大事 — 邁出從前不可能跨的那步，然而「革命尚未成功」，再度忐忑地等待消息。兩週過去了卻毫無音訊，我實在越來越急，身上也彷彿沸騰著חוצפה的血液，殺紅了眼寫了一篇超長的email再寄去國際學生辦事處，詳列五條他們沒有理由拒絕我延長的原因！

These are the reasons why I really want to extend the exchanging program:

1. This is my 5th year in my university. In order to exchange here, I extend to graduate. And I couldn't get the diploma if I back to Taiwan after this semester because my school told me no one can graduate in the middle of a year. Thus, it would be really wasting of time and meaningless to go back and do nothing but waiting for another semester.

2. I have several classes are for 2 semesters (e.g. drawing class, sculpture class, etc). The teachers give me new perspectives. I learn a lot from them! They're very different to what I've been taught in the past. I really hope I can keep learning from those teachers and complete the whole courses for 2 semesters.

3. I have been learning Hebrew for 6 months (even before I came to Israel). I really wish I can learn it better and use it more fluently. And staying in Israel, without a doubt, it's the best environment of practicing Hebrew.

4. I promised I will create a page to share the life in Israel when I was applying the exchange student program. And I really did it! I created a page to share the life here and also introduce the culture of Israel. Because there are less information/ news of Israel in my country, even if some news reported, are not true and not correct!!

This is the link of my page:
https://facebook.com/taiwaneseanninisrael/

5. I love Israel very much!

1、這是我大學第五年，我原本應該可以直接畢業，但我為了來以色列交換所以延畢，如果我讀完這一學期就回去，我仍然無法拿到畢業，因為學校規定不能在學期中畢業，因此必須再空等一學期才能拿到畢業證書，而空等一年十分浪費時間且毫無意義。

2、我目前在Bezalel選的課有許多都是一學年的課程（如：素描課、雕塑課等等），這些老師給我許多不同的觀點，我從中獲得的與我以往所受的教育不同，我強烈希望我可以繼續向這些老師學習並完成一學年的課程，而不被迫半途終止學習。

3、目前為止已學了6個月的希伯來文（在來以色列以前就已開始學習），我非常希望能夠將這個語言學好並在未來流利使用，毫無疑問地，留在以色列是最好學習希伯來語的環境。

4、我在申請交換的文件中有承諾我會開部落格分享在以色列的生活及推廣希伯來文化（在我的國家關於以色列的資訊少之又少，也並非正確），而我確實實踐我的承諾並持續盡力推廣以色列。（附上部落格連結）

5、我真的很愛以色列！

國際辦事處回信說他們會再開會回覆我，我卻又苦等了兩個禮拜！

軟硬兼施要求了這麼多次，已經不管什麼面子不面子的問題了，我決定豁出去爭取到底！正打算隔天再去找系主任Sarah談時，突然收到來自國際辦事處的回信：「在我們審慎考量及評估妳的課堂表現狀態後，我們決定通過妳的延長申請，恭喜！」

我欣喜若狂地告訴我的以色列朋友們這個我爭取好久好久的好消息，「看吧！חוצפה有時候是會得到回報的！我們很小的時候就要學會為自己站出來！」

我記得那天12月25日，這是我收過最美好的聖誕節禮物。

我在以色列所就讀的學校——貝札雷藝術與設計學院

荊棘叢中開出

花

Chapter 1

8323公里外的溫暖

一位暖老師，一個暖故事 ◇

2018.07.20

在以色列為期一年的交換學生生活剩下幾天便將畫上句點，前幾天素描老師Neta傳WhatsApp給我說，如果離開以色列前會去特拉維夫的話，我們可以見個面說再見。

她說現在學期結束了，我不是她學生了，所以可以以朋友的身分邀請我去她家。

於是昨天星期五是我待在以色列的最後一天，我去Neta家拜訪她。果然是位藝術家，老師家裝潢十分別出心裁，很多別緻的藝術品及她的創作，處處充滿藝術家的巧思，我不禁興奮地環顧四周並不斷讚嘆她的家好美！

脫去師生的關係坐在沙發上閒聊著，聊著生活、聊著安息日、聊著想法……

她說：「妳的家人朋友一定很想妳！」我說：「可能吧，但我不太想他們，我只想食物。」

她說食物非常重要，我幽幽地說對啊。

我以為這只是個不經心的閒聊，接著她說：

「食物是一個連結，是人與人之間的關係，是非常直接的。人在不同時期對食物也有不一樣的需求，作為一個母親，我知道我的女兒小時候喜歡吃什麼，現在喜歡吃什麼……如果你想念食物，那表示你對那個地區有更深的連結是你沒發現的。」

接著，我們聊到回台灣後的計畫，

老師問我：「回台灣畢業後會繼續畫畫嗎？」

我說：「嗯…會吧！」

她的語氣從溫柔突然轉為堅定的說："You have to keep drawing!! Don't stop it! Ok, so from now on, I'm your teacher forever! You can send me your works anytime and I'll give you critics!"

（妳必須繼續創作，繼續畫下去，不可以停止！Ok，從現在起，我是妳永遠的老師！妳可以傳給我看妳的作品，而我會給妳評語，任何時候！）

她問我上學期末畫的那張《魚》（見〈第一學期的期末素描作業〉）如果不知道該怎麼處理的話，可不可以給她，她想掛在她家裡。（我聽完後震懾住了：天哪！多大的榮幸，老師竟然想把我的作品和她的創作一起掛在她家！）

老師對著餐廳旁的一面牆比劃著，告訴我她已經想好要把我的圖畫用什麼顏色的框裱起來，掛在哪面牆上，這樣她會想起我。

最後，

我們擁抱說再見，

我："I'll miss you!!!"

她："Of course I'll miss you too! You're a part of my life now!"

紙條女孩 Nadia ◇

第8個安息日畫作：我與Nadia。

在以色列的安息日不太能做什麼，所以我決定在每個安息日都畫一張與以色列朋友的圖畫。

今天來介紹一下這位以色列朋友Nadia，她是我在Bezalel貝札雷藝術設計學院的好朋友。

我永遠不會忘記進到這間學校的第一天，得知所有課程都是用希伯來語授課時的忐忑。選完課後拿著選課單走向 Stop Motion 課的教室，我打開教室門（當時已經開始上課了），老師和所有學生馬上轉頭向我，看著一個生澀的東方女孩站在門口，我尷尬地說：「呃…我有選這門課……」

老師：「Welcome！我猜妳應該需要翻譯？」

我大力點頭：「嗯！很需要！」

老師轉向班上：「有誰可以幫她翻譯？」

我不認識眼前這群學生，卻有5隻手迅速的舉起。

老師幫我安排坐在其中一位舉手的同學旁邊，接著老師繼續上課，老師每說一句希伯來文，那位同學就幫我即時口譯成英文。整堂課我感到萬分感謝卻又不太好意思，深怕自己造成別人的麻煩。

下課時，我正整理包包準備走出教室，迎面走來一位濃眉大眼的女同學，她遞給我兩張紙，說道：「這是我幫妳記的英文筆記，希望對妳有幫助！」

我瞬間愣住了！這…也太好了吧！！

心裡的暖度急遽升溫，同學的友善使我對陌生環境的恐懼瞬間瓦解。

她，就是Nadia。

一整年來，我們只同班這門課，但接下來的日子裡，她經常幫助我完成其他課程的作業。

Nadia的年紀跟我差不多，她大二，21歲，我大五，22歲。這讓我感到奇怪，因為在以色列照理來說，我周遭的同學年紀都應該會比我大（即使我大五……），因為以色列人高中畢業（18歲）就要去當兵，男生3年、女生2年，接下來會花一年的時間旅遊放鬆、打工、找到自己的人生目標、確定想學的項目後，才申請大學，所以大一班上有好幾位30歲的同學也不足為奇。

在我追根究柢下，才知道原來Nadia並非猶太人，也不是阿拉伯人，而是以色列的少數民族切爾克斯人（Circassian）！切爾克斯人屬於西北高加索民族，分布在敘利亞、約旦、黎巴嫩等，在以色列的北部有2個村落，而全以色列的切爾克斯人數大概只有3500-4000人，擁有自己的文化及語言，主要的宗教是伊斯蘭教，切爾克斯人的女性在以色列不需要服兵役。

Nadia跟我說她從小在學校要學希伯來語、阿拉伯語、英語，而切爾克斯語則是在村落使用的母語，文字已經漸漸喪失了，分布在各個國家的切爾克斯人他們用該國家的文字來拼寫切爾克斯語（就好比我們會用英文Shalom來拼希伯來文שלום一樣）。說到這裡，Nadia特地去翻資料查出我的名字Ann要怎麼用正確的切爾克斯文寫出來！當然我也有告訴她她的中文名字應該長什麼樣子！（結論是兩種語言都很像圖畫……🙃）

我請她教我切爾克斯語的「Hi！」，她說：「我們沒有這個詞」，我問：「那Bye呢？」她說：「我們也不說這個。」我：「😐（傻眼）」

她告訴我：「我們跟別人打招呼時會說『wimafa f-o』，意思是Have a bright day！跟別人道別時會說『R'og maf』，意思是May your road be light/bright！」

比起Hi/Bye，我更喜歡他們用祝福的方式來打招呼！

有一次我們聊天提到我很喜歡吃以色列的cheese，Nadia說「妳還沒吃過我家鄉的cheese，那是最好吃的！」。說完的隔週，她就拎著一個袋子帶到學校給我，裡頭裝著直徑大約20公分、厚度6公分的圓形cheese，是她從村落裡特別帶來的手工切爾克斯 Cheese！不得不說，味道真的很好，除了品嚐到切爾克斯村落裡傳統而原始的滋味，更感受到友情的濃郁與純粹。

從談話中可以感覺到Nadia很以身為切爾克斯人為榮，卻很感慨這個民族在漸漸消失中，她不停地尋找文獻、資料，想更多了解自己民族的歷史與文化（甚至問我在中文裡有沒有關於他們民族的記載）。她讀的是3D動畫，夢想將來有一天能夠把她的村落、民族的故事畫成動畫，讓更多人能認識。

當我在寫這篇文前，我告訴Nadia我要寫關於她的故事，大到切爾克斯民族，小到她在第一堂課上遞給我的兩張紙。她說她覺得很感動，因為她從來沒有期待她在別人身上的付出可以被看到，而我竟然到現在都沒有忘記。

我喜歡與人相處，每個人身上都裝有故事，個人的，家庭的，甚至是民族的。透過與人的連結，世界又更近了一點。

現在，故事被帶來台灣了，接下來，還會被帶到哪繼續傳下去呢？

1	
2	3

1.Nadia給我的上課筆記
2.用切爾克斯文寫我的名字：Ann 3.Nadia練習寫她的中文名字

Neta老師屋頂上的工作室 ◇

2018.05.03

—

這個週末，我訂了Airbnb到特拉維夫度假，特地拜訪素描老師Neta的工作室。她的工作室在特拉維夫中央車站附近一棟舊建築物的頂樓，進到工作室就可以看見四周充滿顏料與畫作，更有一面牆貼滿撕式調色盤記錄著創作過程，整個空間充斥了藝術的氣息。

環顧工作室一圈後，Neta劈頭就問我：「妳有什麼想要問的問題？」

幸好心裡先有個底，知道猶太人很鼓勵多問問題（例如：小孩放學回家後，媽媽第一句話不是問你今天學到了什麼，而是問你今天問了什麼問題？），我鎮靜地請她介紹她正在進行的畫作。

從概念、顏色、質感、空間、展覽等等Neta毫不保留地解說分享，興奮地告訴我她在創作中不斷出現的新發現，創作媒介本身的質感以及經歷時間後產生變化帶給觀者的感受，規劃展覽空間時考慮如何跟觀眾對話等等……滔滔不絕的過程中我凝視她的雙眼，漫溢著（是真的滿出來的那種）熱情及享受！

她讓我自由翻著她工作室裡全部的畫作。

我指著其中一幅人物畫像，問：「為什麼這些人身上都有傷痕？（很像刻意割掉肉）」

她停頓了一會兒，說：「這是心理層面的傷，但是這些傷痕在被和肉畫在一起的過程，就被治癒了。」我似懂非懂地看著她，而她用一如往常帶著哲理的眼神回應我，我知道她的話語需要時間去領悟。

我們坐在沙發上，我跟她說謝謝，在這裡我學到好多，在她的課上也是（在學校完全沒有機會能這樣單獨說話）。她好奇地問我學到什麼？我舉例她之前在課堂上跟我說圖不用畫完、畫滿，留下一些構圖線、思考的痕跡、空白更賦予圖畫生命力等等，和我以前所接受的觀念和教育不太一樣，顛覆了我的思考。

她笑著說：「所以妳現在更懂我的意思了吧！」（她很多畫作裡都有一定程度的留白）

「留下這些沒有上色的部分不是不專業或不完美的表現，看不到的東西也不是存在，例如現在在這個空氣中有很多我們不知道的，可能有神、有緣分、有剛剛揮發掉的水……，有時候它們就是應該存在，很多相反、看似衝突的東西需要同時存在，因為這就是我們處的世界。像我在課堂上介紹的Gravity、人體要如何維持平衡的狀態……Because this is what we are!」

與素描老師Neta在特拉維夫工作室她的畫作前合影

接著我們又聊到我很喜歡以色列，她更是想知道以色列吸引我的原因及與台灣的差異。

我告訴Neta：「你們很知道自己是誰。」以色列人很重視而且珍惜自己的文化，不論年齡、不論是否為Religious（虔誠猶太教徒），都能對猶太節日的由來、習俗、特色侃侃而談。反觀我自己，當我要向外國朋友們介紹自己國家的歷史、傳統節日典故時，都支支吾吾不是很了解。

我也向Neta提到我看到猶太人的家庭觀念很重，這和我們華人傳統的觀念很像，都十分重視家庭，但我覺得現在的台灣家庭已經被太多繁雜的生活壓力所綑綁，父母為了給孩子更好的生活、教育而拼了命的加班賺錢，送孩子去安親班、補習班，反而減少了親子相聚的時光。而雖然以色列的物價很高，生活更不容易，但我所看到的猶太家庭他們不會為了追求物質生活而超時工作，甚至會為了能有多一點時間陪伴孩子而換薪水較低的工作，他們重視的是與家人之間的相聚，願意花時間陪伴家人、建立關係……」

Neta笑著對我說：「因為這就是『根』啊，像樹一樣，要有根才能往上生長，也如同我剛說的如何維持平衡，往下扎多深，才能往上爬多高。地與天之間，我們人類就在這中間。」

這句話不斷迴盪在我耳邊，那瞬間，似乎解開我心中的答案 — 為什麼猶太民族在流亡世界各地兩千多年後，還能奇蹟地回到這片土地呢？即便歷經了千年風霜，猶太人並沒有忘記他們是誰，時間未將血液稀釋，他們更世世代代傳承著「根」的重要性。憑著對故土的思念，他們得以復國、重建家園。歷史是他們生命的故事，土地更是他們的見證。

更使我開始思考身為土生土長的台灣人，我的「根」是什麼？又扎在哪裡？我在文化多元、資訊快速而豐富的台北長大，我們從小憧憬西方文化、追求日韓文化，但在如此多元文化洗禮下長大的我，漸漸地，卻似乎越來越不知道自己是誰，好像失去了那最根本的東西。現在不斷鼓吹年輕人踏出舒適圈，往外走，但於此同時，我們的心扎在哪裡？期許自己如同射線闖入未來時，我們的原點始於何處？向上生長時，我們的根是否扎得夠深、夠穩？

Neta與我平時上課交談都需要同學幫忙逐句翻譯，竟然在這工作室裡暢聊了三個小時，所交談的內容更開始在我的生命中持續發酵。

遇到天使不然我應該會乾死在沙漠 ◇

五月底時自己跑到以色列南部的度假勝地埃拉特（Eilat）玩個4天3夜。

星期五白天去紅海潛水，出來後感到一陣不對勁…怎麼這麼安靜？

一看時間…下午5點多！又瀕臨安息日！😱

已經沒有公車回到airbnb了😭（星期五的末班公車大約是3點左右）。

走在這前不著村後不著店的沙漠裡，看著空蕩蕩的馬路、一望無際的曠野，Google Map顯示我得在這30幾度的高溫下徒步一小時。

眼神死的我絕望走了半公里，又乾又渴地站在路邊猶豫到底要不要花大錢搭計程車（安息日營運的計程車司機都會哄抬價格，特別看你是外國面孔，獅子大開口！所以我沒在安息日搭過計程車）。

就在與烈日賭命的同時，突然一輛轎車減速停到我面前，駕駛座的男子搖下車窗問我要去哪？

我有點緊張，畢竟是個陌生人，而且從沒搭過這種便車（我甚至沒有豎起大拇指hitchhike），但這若不是海市蜃樓，就是沙漠裡的一線曙光。瞄到車窗內後座的嬰兒座椅，感覺應該是好人（?），於是我就告訴他我住的Airbnb地址「附近」。

開門上了車，約莫15分鐘的車程中，他彷彿爸爸似的告訴這個他在路邊救一命的傻女孩：星期五最好還是別跑太遠，即使是在埃拉特這個全是

觀光客的地方，宗教氣氛很少，在安息日有餐廳、有酒吧，但還是沒有公車的☹。

一邊叨叨念念，一邊駛出沙漠，其實他也不太確定我給的地址的確切位置，還下車一戶一戶幫我看門牌找路，甚至向路人問路。

我們沒有過問彼此的姓名，在車內看著下車問路的他衣服背後印著大大的Security，我卻覺得是對天使的翅膀。

1.耶路撒冷至埃拉特沿途風景
2.從耶路撒冷到埃拉特的巴士票。
3.行走在前不著村後不著店的沙漠。

她一個人在這個國家 SHE'S ALONE IN THIS COUNTRY ◇

或許因為我是系上唯一的外國人，又有著東方弱女子的外表，所以系上同學們都對我特別友善，老師也特別照顧我。

尤其是素描課的Neta老師，不僅會在課堂上默默走到我旁邊試著用英文跟我再度解釋她剛剛的教學內容（即使同學已經同步口譯過），老師會一再確認我有沒有完全了解，並且在課後Neta給我她的email和手機號碼，跟我說若在生活上有任何問題，即使是很小的問題，都可以feel free地問她。

有一天我寫了一封email給Neta，因為這學期有許多假期，我想請Neta老師推薦我一些特拉維夫的景點（美術館、表演等等），原本期待她推薦我兩三個觀光景點，我就很滿足了。沒想到Neta寫了一長篇詳細的email，在各個方面都顧及到（還有許多貼心的小提醒！）。

我將這封email視為珍貴的特拉維夫觀光寶典，分享給大家：

Dear Ann,

Sure!! TLV is sooo different from Jerusalem! I love her!!

I'll try to Map you some of the interesting places and shows now in the city, I hope you'll find them interesting. Tell me when you're coming and maybe you can visit me in my studio.

Jaffa Flea Market, just walk and eat

Rothschild st. - Walk, Eat and see Art:

(Please look at the opening hours before)

Art:

- Noga Gallery
- Sommer Gallery
- Alon segev Gallery
- Helena-rubinstein-pavilion

  (The building is nice, but I don't know if it will be interesting for you because there is an architectural show.)

Eat:

- Bucke-Cafe
- Herzl 16 Cafe

From **Rothschild st.** you can get by walking to **Neve Tzedek area** -

***Walking and eating in Neve Tzedek .**

Choose each of Bat Sheva Performance
or Inbal-Pinto group of dancers

Eat or drink shake at the Organic place: ***Neroli.***

***Another area, to take a cab only to see exhibitions-**

- Inga Gallery
- Rosenfeld Gallery
- Hezi Cohen Gallery

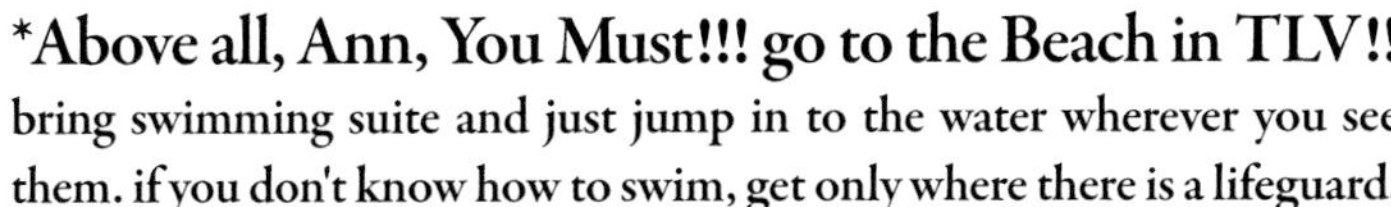

***Above all, Ann, You Must!!! go to the Beach in TLV!!**

bring swimming suite and just jump in to the water wherever you see them. if you don't know how to swim, get only where there is a lifeguard.

***Theatre:* (by foot from Jaffa Flea Market)**

• Gesher Theatre- a wordless version of Macbeth -

***Night - for that I asked my 20 years old Daughter :)**

• Port Said

• Teder

• Romano

• Kuli Alma

• Phi Bar

特拉維夫海邊

也因為這封email，意外的發現，我和Neta老師一樣竟然都主修舞台設計（超難得，這麼冷門的科系⋯⋯）。我們都很驚訝這麼特別的緣分，老師說那以後有推薦的戲會約我一起去看！（果真，我們後來一起看了3、4齣舞台劇）

其中一次，和Neta及她先生一起在 Gesher Theatre 看完戲後，他們載我回airbnb的路上

她先生問我：「所以妳的朋友在airbnb？」

我：「沒有，我一個人。」

老師：「她一個人租airbnb啊！」

她先生：「You are alone in Tel Aviv?!!」

我：「Yea...」

老師：「She's alone in this country!!!」

Yea, I'm alone in this country.

—

看完戲的隔天是Neta的課的校外教學，老師怕我不熟悉這裡的環境，特地坐計程車來接我一起去集合地點。

盲人失去了視覺，所以聽覺特別發達；在這裡，當一個外國人，開啟了所有感官來感受這個環境。聽不懂語言，如同喪失聽覺一般，因此其他感官特別發達，我們容易因為一些日常小事而感到快樂滿足，因為朋友多一點的關愛而感動長存。

回台灣後，如果我身邊有外國人，我也要這樣照顧他。

三日導遊 ◇

2018.07.14

前陣子一位台灣媽媽透過我的臉書粉絲專頁找到我，跟我説他們一家要來以色列，問我能不能幫他們安排景點，並帶他們在耶路撒冷觀光幾天。

目前，距離我返台的日子只剩20天，我想能趁著在以色列的最後幾天再遊歷耶路撒冷的重要觀光景點也不錯，很像我本來就會做的事（例如每次去看美術館看展，離開前我都會再跑回去看重點展覽作品），於是我便答應陪他們以背包客自由行的方式在耶路撒冷走3天，共12小時。

經過一個月的行程討論溝通，7月11日我們終於在耶路撒冷市中心見面了。見了面他們才告訴我 — 是因為我願意帶他們，他們才決定買機票來以色列！他們一家四口是太魯閣族的原住民，這位阿嬤是第一代基督徒，原本只會説母語，也不認得幾個國字，但每天抱著聖經，一直讀一直讀，因為這樣才學會國語！而她一輩子的夢想就是有朝一日能來以色列，踏上聖經提到的應許之地，現在終於圓夢了！

我帶他們在耶路撒冷「走」了超多景點：雅法門、哭牆、聖墓教堂、大馬士革門、聖殿山、大衛城、希西家水道、最後晚餐的房間、錫安門、大衛墓、橄欖山、升天教堂、主泣堂、獅子門⋯⋯，我們每天在大太陽底下步行8公里，耶路撒冷舊城的石頭路又特別滑，我一開始很擔心這位六、七十歲的阿嬤沒辦法這樣走，沒想到她完全沒問題，有時候還衝第一個，緊跟在我後面，時不時心有所感地邊走邊撫摸著石牆，珍惜著等了60年的這一刻以及每一個步伐。我稱讚她説她好厲害，可以跟我們這樣走。她笑著説：「我們都住在山上的餒！回家要走山路走6小時，沒有車只能用走的，而且坡很陡！」

1
2
3

1.與原住民家庭合影。 2.耶路撒冷聖墓教堂。 3. 耶路撒冷舊城。

一旁的媽媽也接著跟我介紹他們的部落沒有電，台電覺得那裡太深山太麻煩就不把電牽過去了。他們說這樣也好，雖然沒有電不太方便，但至少沒有破壞環境。不過最近有太陽能，方便很多，「對啊！太陽能的！好感謝上帝！都是天然的餒！我們的電都是太陽來的，祂創造的餒！」阿嬤很開心地在一旁說道。

結束三天的行程，他們要開始自己遊以色列其他地點了，我好開心能認識他們，很單純也很知足的一家人。邀請我回台灣一定要去他們的部落玩，要準備原住民的風味餐給我吃。

因著以色列，我們連結。因著以色列，不分城鄉，不分年齡都串起來了。

為了幫母親代購，遊了半圈以色列 ◇

母親大人朝朝暮暮思思念念拿撒勒（Nazareth）某一間店裡的小物，孝順如我禁不起她的叨叨念念，只得星期日起個一大早（安息日過後終於有交通工具）從以色列的中部耶路撒冷出發前往北邊的拿撒勒，拎著錢包、手機、相機就去搭巴士，想說來個一日遊，買完再趕回耶路撒冷。

車程3小時，在烈日當空的荒郊野外等車轉車後，終於抵達拿撒勒！此刻，我才發覺不是很對勁……站在店鋪前，面對緊閉的大門……原來拿撒勒因為是基督教城市，他們星期日公休啊！！！

腦中浮現母親大人犀利的眼神與怒罵聲，不得無功而返，牙一咬，趕緊在最後一秒上網訂一間旅館住一晚，我就這樣莫名其妙花了₪260（大約台幣2340元）啥行李都沒帶地入住了拿撒勒，更莫名其妙的走了20分鐘到唯一有營業的商場去買盥洗用具……

隔天一早，那間母親愛店門一開，我馬上衝進去採買一番，不斷試圖跟老闆娘講我為了來她的店這一路有多坎坷，她便宜我₪100、請我喝一杯阿拉伯咖啡、又送我一個我很喜歡的非賣品。看似終於順利的一天，中午滿意達成任務，一心只想趕快搭公車回耶路撒冷。

用手機查著比Google Map更厲害的Moovit，規劃回耶路撒冷的路線，殊不知，這一查，便開啟了我長夜漫漫路迢迢的旅程。

我又被引導到荒郊野外去轉車，等了半小時後，搭上一輛巴士前往以色列的更北邊 — 海法（Haifa）！反覆查了好幾次，Moovit都顯示這是最快的路線（到海法去轉車）。

拿撒勒特色小店。

雖然疑有他，仍然別無選擇。搭了40分鐘左右，眼盯著路線圖，越來越靠近導航的轉車下車點，說時遲那時快，巴士開始往別的方向開，完全偏離我的路線，我整個眼神死的望向前方，不知何去何從，更不曉得我到底是為何明知要往南邊行，卻聽信Moovit讒言，上了往北的巴士。

徬徨如我就這樣一路與我買的戰利品一塊兒搭到了終點站海法的市中心。身上一點現金都沒有（一毛不剩的付給了拿撒勒的旅館），我身上的Rav kav（交通卡）裡面也不知道剩多少錢，不敢再亂搭公車。

我站在路邊傳訊息給住在海法的台灣朋友Ruby：「我現在在海法…不小心來到這裡……」

好幾個月前我們就一直約要在海法見面，但怎麼也約不成，現在…我竟然意外的來到這裡了……

一通電話，10分鐘內，Ruby和她先生馬上開車來載我這個可憐兮兮的小鬼，一起去吃了我從來沒在以色列吃過那麼好吃的泰國菜🤩，帶我去他們的新家休息一下，去海法的海邊曬太陽喝啤酒，最後回去洗個澡，再載我去巴士站搭耶路撒冷的直達車。

在海法的海邊我不斷跟朋友說我好納悶我到底為什麼現在會莫名其妙來到海法，她也一直笑著說妳就是命中注定要來海法跟我們碰面啦😄！

幸好有他們，這30小時的「莫名其妙」終於能用它的原意來解釋：沒有人能說得出其中的奧妙。

—

願望一：希望母親大人能將帶回去的禮品好好供著！

願望二：希望母親大人別再要我代購！

願望三：希望我在世界各地都能有朋友，以免願望二沒有實現🙏

海法美景

猶太朋友親手織 Kippah （כפה） 送我 ◇

在以色列的每一天對我而言都十分新奇，所見所聞與我以前熟悉的景象十分不同，尤其因為我住在宗教大城 — 耶路撒冷，往往能從路人身上發現有趣的小物件。

在這裡，大部分的猶太男生頭上都會戴圓形小帽כפה（Kippah），從3、4歲的小男孩到老年人都有，朋友告訴我Kippah有「遮蓋」的意思，表示對上帝的敬意，因為神太偉大神聖了，我們人不能用頭直接對著上帝，因此男人們會在頭上戴一個圓形小帽（猶太教大部分的誡命都是男人要遵守）。

Kippah對他們而言就是身上的一部分，常在路上看到很小的男孩邊跑步不忘邊抓著頭上的Kippah，若不小心將Kippah掉在地上，小孩還會大哭。

而不同的猶太教派和虔誠的程度也可以從Kippah的大小和款式分辨出來 —

①小小一片圓形的織物，用小髮夾夾在頭上 — 這種通常是支持錫安主義的猶太人，支持以色列建國，所以雖然是Religious猶太人，但是會從軍（路上常見有的IDF以色列國防軍會戴這種小Kippah）。

②最普遍的圓形織物小帽，有不同的顏色和圖騰 — 和上述的教派差不多，但虔誠的程度再多一點，他們有些會從軍，有些會以替代役的方式來效忠以色列。

③白色大Kippah — 這種是Breslov教派，主張「快樂」的教派（我都稱他們為Happy Group），經常會看到他們在路上唱歌跳舞，開著Breslov的車，放很大聲的音樂，散播快樂。

④黑色大Kippah — 黑色Kippah是極端正統猶太教派（哈西迪及哈雷迪），這個教派的小男孩，從幼兒時期就會開始戴黑色Kippah。經過成年禮後（男生13歲）的猶太男子除了戴黑色Kippah外，還會戴上黑色禮帽。

	1
2	
3	4

1. 朋友織給我獨一無二的Kippah。
2. Kippah專賣店裡各式各樣的Kippah。
3.4.主張「快樂」的Breslov教派，經常在路上唱歌跳舞。

問了Religious猶太朋友好多好多這方面的問題後，有一天朋友傳訊息給我，說她正在織Kippah送給我。朋友織了將近一個月，每天都很認真的織（還要變換顏色）！她告訴我有很多Religious家庭的女生都會織Kippah，是一個很有趣的手工藝，熟練之後就知道如何在Kippah上織出想要的圖案了，自己手工織的送給爸爸、哥哥、弟弟或是未來的丈夫都很有意義。

她說雖然送女生這個蠻奇怪的，因為只有男生才會戴Kippah，但是她說：「我不管，我要織一個送妳當作紀念！妳也可以戴呀，或許會變成一個最新潮的派別！」

在貝札雷藝術學院的最後一天The Last Day in Bezalel ◇

2018.06.14

My favorite course/ teacher/ class

- The main reason made me extend a semester in Bezalel.

與相處了一整年的老師及同學合影。

帶著滿感傷的情緒去學校，因為我知道今天是最後一天；同學們特別熱絡地跟我交談，他們大概也知道，今天是最後一天。

我期待今天的素描課會如何做結束，因為這堂課一直都有令人意想不到的新點子。

老師要求我們將期末課堂上畫的數張自畫像及上學期第一堂課的畫作（畫你身旁的物件表達composition）一起貼在牆上。

大家貼完後，老師卻要大家坐下來圍成圈做一個關於「自己」的小活動 — 將一張白紙摺成三摺，最右邊一欄寫下或畫下你目前的感受、處境、想法，最左邊一欄設想你現在是未來的你，同樣寫下你的感受、處境和想法。大家照著步驟做完後，老師說在中間那欄畫上橋樑。到這裡用不著老師再說下去，大家都知道是什麼意思了。我以前最討厭這類的勵志活動（尤其是寫信給未來的自己），但這次的感受卻不一樣，或許是在這一天心裡有太滿的感覺可以記錄下來，而接下來的課程內容也更讓人明白此活動的用意。

老師要我們一個一個看著自己的這幾張作品，透過畫作說一說這一年自己的轉變。我一開始對這個要求聽得實在頗納悶，這幾張圖畫的時候很隨性，壓根沒想到最後是要這樣呈現，也沒想過什麼圖畫之間的關聯性。還在納悶和不懂題目時，已經輪到我該講了，腦袋還在空白，而嘴唇卻得開始說話，邊說邊想，先講自己在這一年的轉變，沒想到，就這麼奇妙的可以順勢連結到畫作上。

講完後，老師一如往常可以很快速又精準地針對我們說的話、我們畫的畫以及一年來她對我們的觀察給予鼓勵和評語（真的很厲害！是很舒服卻深奧的，每個人都被肯定，但不是籠統的讚美而是真的被看見）。

融合了人的改變與畫的轉變，老師最後看著我期末自畫像（我畫的是我閉著眼睛大叫的模樣），對我說："You can also scream with the eyes opened."

問我懂嗎？我答不太懂。

她的話很深，明白表層意思，但要真正懂卻得花時間消化。

例如我現在才恍然大悟Neta從第一堂課開始不斷提到的composition原來不只是在畫裡面物件與物件，光與影，實與虛；也不只是她偶爾會呼應到的生命、人生，更多的是畫作與心境與時間與生命的融合關係。

在這堂課裡我找到一個答案。一直以來我對升學畫室有著說不上來的不對盤，即便畫室出來的都能擁有高超的繪畫技巧，羨慕之餘仍說服不了我自己……

直到現在我才了解，我一直想找的是生命。

為期一年的交換學生計畫在我最喜歡的課與我最喜歡的班一起畫下句點，也算是一種滿足。

課後，回應我寫給她的卡片，Neta傳訊息給我說：她做的一切都出自於愛。

後記

事後我才知道，2018/6/14我在Bezalel上課的最後一天，原本這一天全系的學生因故抗議，要集體罷課，但這個班同學們私底下在群組討論說，這是Ann的最後一堂課，為了讓我劃下一年交換學生計畫的完美句點，全班同學決定出席陪我一起上完最後一堂課。

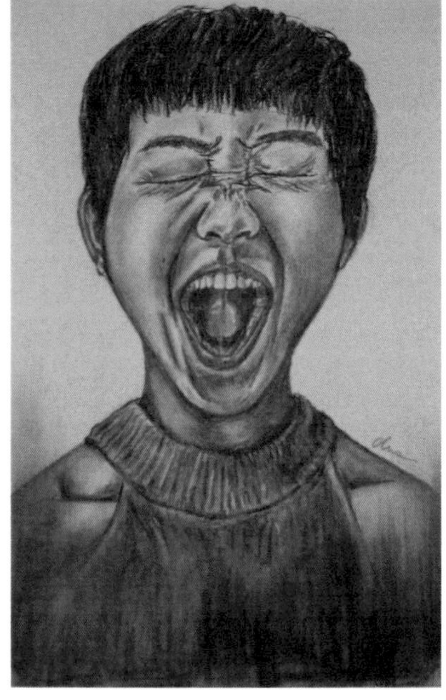

1	3
2	4
	5

1.在Bezalel最後一堂課。
2. 期末自畫像。
3.第7個安息日畫作：我與大一班同學Katia、Adi。
4.第10個安息日畫作:我與大一班同學Ronni、Ori。
5.第14個安息日畫作：我與定格動畫班同學Yaron、Razan、Aliya。

以色列租房坎坷談（上）◇

如果說以色列生活一切美好順遂的話，那就太不客觀了。

來分享個在以色列交換期間最坎坷的事：

因為Bezalel沒有提供交換生宿舍，所以每個學生都要自己在外租房。我和一位中國大媽合租一間房，原本我只交換半年，中國大媽要住一年，所以合約簽她的名字，租一年（2017.10—2018.7.31）。

先略提一下，我在以色列耶路撒冷的租房費用，兩人合租一間（2房2廳1衛浴），一人付₪2100／月（台幣16800元），外加大樓管理費₪185／月（台幣1480元），還要自己付水電瓦斯和「房屋稅」。

房屋稅是最令人頭痛的，要自己跑市政廳去繳錢。房屋稅很貴，一年要₪5000（台幣4萬元！），但是學生優惠可以打2折！因此一定要去證明你具有學生身分，我奔波了很久，找了鄰居拿到申請表格（全希伯來文），再請同學幫我填寫，然後自己去找律師蓋章，跑了一堆程序，才能去市政廳申請。

原本我以為前置手續都準備很齊全，最後一關市政廳應該不會有什麼問題，沒想到這是最卡的一關。

先是它受理時間並不是每一天，要先上網確認才不會白跑一趟（而且最好在開放時間前先來排隊領號碼牌，不然會大排長龍）。

折騰我的過程從領號碼牌開始：

領號碼牌的機器並不是點一下就好，而是要點選一大堆個人資料以及詳細的要辦理業務，而這台機器只有希伯來文與阿拉伯文！一頭霧水的我想求助於路人，但好死不死旁邊的人都是極端正統猶太教男人（他們一般而言避免與自己妻子以外的女性交談，所以我不太敢問他們），等了很久才有穿著一般的路人出現幫助我拿到號碼牌。

以色列公務人員辦事效率「極慢」，至少要坐在那裡等個40分鐘。

終於輪到我時，卻因為房東少給我某個資料又辦不成了，講不到2分鐘就折返回家。

就這樣來來回回我跑了至少七、八次的市政廳。每一次都要尋求路人的好心協助。

下半年我申請交換延長成功，可以續租了！而中國大媽不知怎的，回中國過個農曆新年就沒再回來過了。房東老奶奶把合約改我的名字，繼續租，而我也找到了一位新的室友 — 同為Bezalel交換生的冰島人，過著多采多姿的生活，常常一起出去玩、一起煮飯，十分和樂。

然而，我不知道我這輩子是跟室友二字多犯沖，原本說好要一起租到七月底。

六月底時冰島室友趁我不在家一聲不響就把東西全搬空，留下訊息跟我說她不租了，也不跟房東說，留下₪2000保證金當作七月份房租（但一個人的房租應該是₪2285）。

除此之外，她也不願意付房屋稅，甚至一直不去處理學生優惠的手續，水電費她也不管，留下一屁股債就消失。

房東老奶奶看冰島室友消失還沒付房租，每天按三餐找我，要我付「全額」房租，又一直逼我快去繳房屋稅。不停打電話給我／不論多早多晚都一直按我門鈴／在我門上貼字條，她說我要負全責，如果室友有任何錢沒付完的話，我的保證金也不退給我。搞得我每天很怕回家，怕回家會撞見房東或是那刺耳的電鈴聲，追討不屬於我的債。

未完待續。

第15個安息日畫作：房東奶奶年輕時
月初去找房東奶奶繳房租，她一直對我讀Bezalel很感興趣，問我會不會畫畫。接著就看著這位七八十歲的老太太興奮又雀躍的衝進房間拿出她年輕時的照片給我，問我可不可以畫她。

以色列租房坎坷談（下）◇

這是一個好心有好報的故事 — 事情圓滿落幕：

我從4月份開始一天到晚跑市政廳去處理房屋稅學生優惠的事，但程序極度麻煩、公家單位人員對外國人超不友善（例如完全不說英文，劈裡啪啦叫你講希伯來文，表明不會講希伯來文他們就開始滑fb，把你晾在一邊不理你……），我跑了7次左右，受了各種氣。前幾週就在我被晾在一旁時，竟然在 市政廳 遇到這位同學Vered（也就是兩學期都幫我課堂即時口譯的同學），她看到我無助的眼神，馬上跑來幫我跟滑fb的櫃檯小姐翻譯，幫我辦好我的學生優惠。

折扣後的帳單，我的部分₪1500（台幣12000元），冰島室友怎麼樣也不去辦學生優惠因為她不想留任何資料，因此她該付的金額是₪2500左右。

然而前幾天她一聲不響地搬走，不願意付房屋稅，一毛不拔的房東奶奶說如果室友不付錢，那她要我付室友欠的部分（房屋稅₪2500、她不足的房租₪100、大樓費用₪185，以及所有水電瓦斯費），把所有帳都要結清後，我才能拿回我的保證金₪2000，並且房東日夜騷擾我，奪命連環call、不停按電鈴要我去找她，要我付錢。

我跟冰島室友見面說明情況，她要我什麼都別再繳，留下保證金當房屋稅，然後室友給我₪750現金說是她僅有的現金，要我拿著這個錢然後逃跑，因為我們的合約和文件基本上都是沒有法律效力的，所以房東不能拿我們怎麼樣。我的家人和朋友們聽完情況後也是這樣勸我，趕快逃跑！我想了好幾天，也決定就這麼做，因為好像真的別無選擇。

但下定決心後，我好有罪惡感，雖然房東奶奶真的很吝嗇又都把責任莫名其妙推到我身上，但我實在無法想像如果我也逃跑她要怎麼辦，而且我不想留下任何麻煩在以色列，這幾天我根本睡不著。另一方面，我是有付房租的人欸，我到底幹嘛要躲躲藏藏還逃跑？

雖然決定逃跑，但我還是要去把房屋稅的帳單處理一下，因為上面說我要付的日期是到7月22日，但房東要求我得付到7月31日，所以我請我這位朋友Vered陪我一起去市政廳延長日期。

我和Vered說明我要延長日期的事，也順帶告訴她我遇到的大麻煩——室友跑掉，所有費用臨到我身上。沒想到她比我更憤怒，她告訴市政廳的櫃檯人員室友即將跑掉，不付房屋稅的事，櫃檯人員瞬間變得好積極，想辦法處理，我們在部門間來回跑，就在這時候，其中一位櫃檯人員發現帳單很不對勁，跟我們說這是一整年的帳單費用（1月到12月，包含我根本不住在這裡的費用），他說之前的櫃檯人員只是幫我辦2月到7月22日的折扣而已，其他費用照常！我們簡直嚇傻，之前的櫃檯人員我們怎麼問她就是懶得解釋，根本混帳。於是我們拿了表格回去找房東要她簽名，終止7月31日之後的房屋稅。

Vered陪我去找房東用希伯來文跟她解釋所有事情，房東也很焦慮找不到室友來付錢，Vered幫我打電話問免費律師諮詢，打給室友跟她說她帶給我多大的麻煩，如果她不付錢我們就要打給警察或是她的學校查出她的資料，讓她出不了海關，別以為可以逃之夭夭……

過程太過冗長，結論是從早上7點到下午5點，Vered和我東奔西跑不停打電話處理這些事，最後室友的朋友願意先替她付這些錢。

隔天Vered和我又拿著房東簽的文件去市政廳，很幸運的正好遇到昨天服務我們的櫃檯小姐（她是市政廳裡最不怕麻煩的人），她知道所有狀況，幫我們很大的忙。順利拿到更正後的房屋稅帳單，我的部分從₪1500 瞬間降到₪280！而室友的部分從₪2500降到₪1300（我真的不知道她到底為何不去辦折扣），我們和她的朋友一來一往溝通清算室友欠的總金額，確定他朋友已匯錢給我們後，我就去把房屋稅繳清了！之後也可以把錢拿給房東堵住她煩人的嘴！

終結整件事！

我終於可以好好睡一覺、不用躲躲藏藏也不用連夜逃跑！

而且我竟然省了₪1220🤩！又可以拿回我的保證金！

我真的超感謝Vered義不容辭的幫忙，從學校到生活，從開始到末了。

我看見以色列人處理事情堅定又不怕困難的態度，更一再證明以色列人一旦把你當成朋友，就會幫你到底！

1 1.第9個安息日畫作：我與Vered。

2 2.總是不厭其煩幫我處理各種窘境的天使同學Vered。

Chapter 2

教育・思維

妳怎麼這麼有禮貌？！
“HOW COME YOU ARE SO POLITE?” ◇

2017.10.13

—

原本在特拉維夫的旅行只安排了3天2夜（週二—週四），只訂了2個晚上的airbnb，而住在離特拉維夫不遠的猶太朋友Vered得知我來這裡旅行，便邀請我去她們家過安息日。因此我得在特拉維夫多待一天，卻

隔天一早，Saray的先生做早餐。和Saray一家人吃完早餐後，她載我去朋友家。

因為太臨時，完全找不到住的地方度過週四晚上。就在我躊躇著該不該折返耶路撒冷的家待一晚再前往時，我和一位在網路上學語言的朋友Saray聊天（我學希伯來文，她要學英文），順帶一提我所遇到的困擾，她知道後，很爽快地說：「那妳可以住我家啊！我就住在特拉維夫附近，我去接妳。」

我們完全沒見過面，只在網路上學語言聊了3個月，彼此都不知道哪來的膽子和信心，就這樣約見面了（我媽知道一定會揍我……噢！她現在讀到這裡知道了……）。Saray開著車到我住的Airbnb接我，一見面，Saray就給我一個很大的擁抱，但其實我還蠻緊張，畢竟第一次見面。行李放上後車廂後，就啟程載我去他們家，Saray一路上都在跟我講話，可是我一直在觀察窗外景色，沒有很認真在聽。駛離了繁榮的特拉維夫市中心，路上的景色越來越土黃，經過半小時的車程，「我們到了！」Saray將車子停在黃沙上，我們走進一棟建築 — 他們家。

進到Saray家，他的先生（留著滿滿的鬍子）、5歲兒子還有狗狗都很熱情歡迎我，他們不斷要兒子把握機會跟我對話練習英文😂（明明我的母語是中文啊……）。今晚她兒子借我睡他房間，把行李都安頓好後，我們坐在客廳沙發上，夫妻倆對我充滿好奇，身體前傾盯著我看，爭先恐後有問不完的問題想知道，從我讀的學校、為什麼來這裡、到台灣在哪裡、和中國的關係、語言、文字、人口、經濟……等等全部問一遍。

我靜靜地坐在沙發上，如同回答試題般一題一題地答覆著，就這樣你問我答地過了半小時。

突然，Saray打斷我們的規律答題模式，喊著："Wait! How come you are so polite?!!"（等等！妳怎麼會這麼有禮貌？）

我愣愣的看著她：「有嗎？我沒有特別有禮貌啊！」

她說：「天哪！妳竟然可以安靜的聽完我們講話而沒有打斷！？」

我說：「我在聽妳講完話啊~」

她說：「我們沒有講完的時候，而且我們以色列人一想到什麼就會直接打斷對方，發表自己的意見……天哪妳好有禮貌！」

而這句話在接下來這一年中，被不斷反覆驗證 — 「我們以色列人想到什麼就會直接打斷對方發表自己的意見。」

—

晚餐時，Saray特地買了以色列的日本料理招待我，這是我唯一一次在以色列吃日本料理，壽司裡包的是炸物，很有趣！（後記：在以色列的壽司根本不是日本料理，而是加州卷！）不知道為什麼我們聊到教育小孩的方法，眼前這位30出頭的猶太媽媽Saray很認真地告訴我 — 他們絕對不會打罵小孩，她認為不能用她身為家長的權力來強制脅迫小孩聽話，不能因為小孩很小、處於弱勢就以強者之姿施壓，該做這個不准做那個，而是用解釋的，並且要以身作則，因為她自己也不希望被老闆如此對待，所以沒有人理由這樣對待另一個個體。他的先生在旁不斷說：「沒錯，她真的是這樣教育小孩。」我很感動她對家庭教育的思考如此周全，並且不是口頭上的理想而已。

說到最後，她說：「天哪，我們怎麼在聊這個？她根本還沒有小孩啊！」

—

飯後，她的兒子一直用圓滾滾的大眼睛看著我，把所有的玩具全部拿出來給我看，跟我講一大堆希伯來文，我真的一點也聽不懂他在說什麼，只能一直心裡尷尬臉上微笑，但是和小朋友相處好像也不用你聽懂，他就可以自己一直講下去……

隔天我一大早就醒來，走到客廳發現Saray睡在沙發上（因為床擠不下3個人），我心中先是一驚，然後一股暖流湧上。在地球的另一端，一位猶太年輕媽媽用她所有的來款待素昧平生的外國女孩，不求回報。

後記

後來Saray開車載我去朋友Vered家，沒想到Vered住在一個偏僻的小村莊，要不是Saray載我，我還真不知道自己要怎麼帶著行李來到這裡。

1 2
1.Saray特別買的以色列日本料理。
2.典型的以色列家庭早餐（一定有沙拉、很多抹醬和優格）。

用陪伴與以色列小孩相處 ◇

有一週的安息日早晨，好朋友Morya隨口的邀約：「妳想和我一起去別是巴（Beer Sheva）我姊姊家過安息日嗎？」

我毫不考慮地說：「好啊！」

隨後開始準備兩天一夜的行李。

走到車站等車時，我才問Morya：「別是巴在哪裡？我們要坐很久的車嗎？」

朋友大笑說：「妳不知道在哪裡就一口答應了喔？別是巴是南部的一個城市，在沙漠裡面。我們從耶路撒冷大概要坐3小時的公車，到了之後我姊姊會開車來接我們。」

我開心地搭上3個小時的車程，期待一個從未去過的新地方！

朋友的姊姊Nitza來接我們，朋友下車買東西的空檔，第一次見面的我和Nitza在車上開始閒聊。她告訴我她最近換工作了，我問她為什麼？

她：「雖然我原本的工作很好，我很喜歡，薪水比較多，職位也比較高，但是工作時間太長了，我沒有充足的時間陪伴我兒子，他快要上小學了，放學後需要我在家裡陪伴他。」

我：「喔？你們沒有補習班或安親班嗎？」

Nitza用困惑的臉看著我：「補習班？那是什麼？」

我：「嗯……就是放學後去上課的地方啊！」

她：「下了課又換一個地方上課？那會到幾點？」

我：「8、9點吧」

她面露不可置信的神色：「那父母什麼時候陪孩子呢？」

我：「嗯……好問題……」

到了她家，她6歲的兒子Gilad一看到我嚇得一句話都說不出來，不斷盯著我看（好像還沒看過華人，所以整個愣住）。

我不會流利的希伯來文、他不會英文，一整晚我和Gilad的溝通都靠我朋友逐字逐句當翻譯。

然而，隔天（星期六）一大早6點整Gilad就跑來我床邊喊著：「Ann Ann Ann！！陪我玩！！」彷彿我是他熟悉的玩伴，超睏的我只好用簡單幾句希伯來文說…好…等一下…7點……

於是看不懂時鐘的他自己等了很久，7點多又來叫我陪他玩。

我怕吵醒我朋友，睡眼惺忪起床去陪他玩（我朋友和她姊姊都還在睡覺……因為安息日幾乎什麼都不能做，我的猶太朋友都很喜歡把握安息日睡到飽）。

眼前這個活力充沛的小男孩沒有要求要玩我的手機、平板、電動，而是不斷搬出玩具並嘰哩呱啦的跟我講希伯來文，我們一起玩了TAKI card、畫畫、勞作、醫生、拼圖、四子棋……，他還當起小主人準備早餐給我（問我要不要吃優格，又去廚房準備了很多乾果♡）

讓我最驚訝的是，這個6歲小男孩自己準備好早餐後，先把散落一地的玩具、圖畫紙全部很有條理的收拾好，再坐好開始吃優格！

我朋友和她姊姊起床後完全不知道這兩個小時內我們是怎麼溝通的☺

就因為我起床陪他玩，所以他靦腆的跟他媽媽還有我朋友說：「我現在最喜歡的人就是Ann！」

我瞬間頓悟為什麼Nitza這麼在乎陪伴孩子，甚至願意放下嚮往的工作。

我永遠記得那張可愛小男孩的臉，從驚嚇轉變為好朋友的過程。

因著陪伴，我們建立了不需語言的友誼。

之後每當加薩走廊的飛彈轟炸到別是巴時，我會特別想起這對母子，Nitza說她和她的兒子會一直躲在安全室，Gilad很害怕，害怕那空襲警報的聲音又再度響起。

—

「以色列人從小就得被迫熟悉道別與死亡。」

或許這是他們很早就學會用真心與人相處的緣故。

爸爸的奶嘴。

"IT'S ABOUT MOVEMENT!" ◇

2017.12.08

—

一開始到貝札雷藝術設計學院要選課時，我就告訴自己不要選太重的課程，因為我已經是大五，在台灣把學分都修完了才來交換，所以我想在交換的期間從生活、文化層面多接受新的想法刺激，多一點時間去旅遊感受。再加上因為我是交換學生，Bezalel本來就不會讓我們修太進階的課程。

於是我承認一開始是以一種「混學分」的心態選了這堂素描課，想說至少在北藝大也上了4學期的素描，而且素描課反正就是畫，不會有很重的課業壓力，更不會有語言的問題。

沒想到從第一週開始我就完全愛上這堂課和這位老師！完全顛覆以前對素描課的印象 —— 我記憶非常深刻當我大一時，一位素描老師告訴所有的學生：「只要畫得跟影印機印出來的一樣就好了！」這句話對當時剛進入藝術大學的我眼看身旁盡是美術班出身來勢洶洶的高手衝擊不小，緊張得只要一有零碎時間就趕快把素描作業拿出來畫，到處請教同學。

在以色列的第一堂素描課，一上課看著眼前的靜物，心想又是我最討厭的靜物，眼神死的拿出素描鉛筆一如往常開始拼命畫，趕在下課前把它「畫好畫滿」，當我畫了畫紙的2/3後，眼看手錶時間快到，決定衝刺時，老師Neta溫柔的拍一下我的肩膀，跟我說：「妳畫得很好耶！現在的畫面非常剛好！」我看著老師，客套地微笑跟她說謝謝（心想外國老師都超會讚美人），低頭準備繼續衝刺，站在旁邊的老師又再度拍我的肩膀，說：「我覺得妳可以停了耶！讓畫面停在這個moment，真的很美！」我著急又納悶地對老師說：「但我還沒畫完耶老師，妳看，這裡、那裡我都還沒畫到。」

老師優雅地微笑，溫柔地示意我放下畫筆及充滿鬥志往前爆衝的眼神，說：

「不用急著全部畫完，妳後退看一下，現在這樣真的很完美，整張圖物與物的關係，很平衡，有實有虛，留下一些思考的線，哇……這真的非常有趣！」

我這才停下來，不只盯著未完成的部分，而是看著整張picture，同意老師的建議。

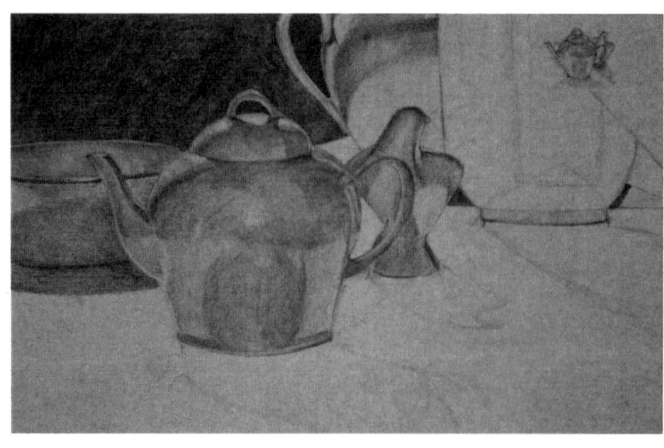

事後我想如果我和以前一樣又把整張畫到滿，盡力畫到很像，一定又會成為其中一張畫完我覺得沒有意義就想丟掉的靜物素描了。

有一次素描課，我又不禁執著在如何畫得「像」，我跟Neta老師說我不知道怎麼畫這個，她沒有拿起筆「教」我，只微笑對我說："movement😊"

每次課堂的最後15分鐘，不論畫到哪裡，Neta老師會請每一位同學把自己的素描作品一字排開，讓同學們觀摩彼此的作品。欣賞同學從不同角度看出去的景象，同一組景物每個人所注重的部分及呈現方式都不一樣。接著老師優雅又誠懇地說出每一幅作品的特色，我不知道她怎麼這麼會「評圖」（這個詞原本帶來的感覺如地獄般恐懼，但是現在卻成為每堂課最期待的時刻），她說的都不是繪圖技巧，不是像不像、細不細緻，而是將同學創作的畫面有時形容為舞蹈、有時如舞台畫面，物件與物件的關係，光影的律動感……每次聽完評語我都驚嘆不已，對於每一幅圖畫都再有一次新的看見。

真希望能夠100%直接聽懂她用希伯來語說的每句話。

#也讓我想起小學六年級時。班導師有一次問我們：「你想成為的是『師』還是『匠』？」

1 | 2 | 3

1.明顯還沒畫完的靜物素描，老師看中的卻是整體的畫面。
2.在Bezalel的第一堂素描課
3.老師針對每件作品課堂講評。

雕塑老師：「我要求每個同學都作弊！」
CHEATING IS GOOD!! ◇

2018.02.01

—

我在Bezalel選了一堂和大一同學一起上的雕塑課，這堂課的老師Lance很酷，是位約莫60歲，從俄國回歸的老先生，拄著拐杖，剃個光頭，留著達利的俏鬍子，大部分時候像喜劇演員般地誇張逗趣，以誇大的動作與忽高忽低的音量教課，有時候卻突然嚴厲令人摸不著頭緒，但下課時又和同學一起喝酒抽菸。

整學期四個月，從第一堂課開始我們的任務就是專注於雕塑出一個1：1的骷髏頭，老師要求每個人的作品要和桌上的骷髏頭模型一模一樣。前三個月非常按部就班地調整比例，一個口令一個動作，老師甚至不允許多做，他幾乎每堂課都強調" Cheating is good!"，要求大家從旁邊同學的作品中學習，看別人怎麼做，哪裡比你好就趕快跟進，甚至也應該去幫別人、教別人，要達到大家的雕塑都看起來一樣！

不過我們忙自己的作品就來不及了，哪有時間去管別人的，更不用說去做別人的作品了，對於Lance的話我們都是聽一聽微笑帶過。大約過了一個月，Lance感覺到我們根本沒把他耳提面命的"Cheating is good!"當一回事，於是上課時他說：「大家停下動作，現在每個同學都去做右邊同學的作品！對，不要懷疑，去做右邊同學的作品，把它當成是你自己的！」大家傻眼之餘，只好遵照老師的口令，往右跨一步，開始在同學的作品上動工，而自己的作品也全權交付給左邊那位同學了……就這樣，接下來的每一個禮拜，老師都要求我們去做別人的作品，不一定是右邊的同學，有時候是左邊第二位的，有時候是對面的。你無法預測今天你骷髏頭的命運會交付到哪位同學的手上，你能做的，就是把眼前同學的作品當成是自己的，盡你所能地做到最好。

—

終於來到學期的最後一堂課，Lance說這堂課是同樂會＋期末作品評分，同學們可以帶零食、帶酒來課堂上喝，甚至打趣地說沒喝醉不可以走出教室。老師請大家把作品排成一列，Lance一個一個講評和打分數，他說：「等等，打分數前我們應該要把作品帶去頂樓，從樓上往樓下丟！丟到地上根據殘骸看起來還像個頭顱的話再給分！」

所有人傻眼地看著這位一天到晚開玩笑但有時又突然嚴肅的老先生，這……是什麼意思？

Lance卻一臉認真的說：「我覺得這是一個很好的點子，我們應該要這樣做！」

陸陸續續有同學勸阻老師：「Lance，不要吧……」「這個作品我們做了一整個學期耶！」「我不太想毀掉我的作品……」

Lance：「真的，不要太在意你完成的作品，你的作品不會只有這一個，完成一個之後就應該拋到腦後，開始下一個，Don't collect！」

最後我們當然沒有真的砸碎作品，但老師的一席話令我突然羨慕起這裡的學生，他們才大一上（我已經大五）就被賦予這樣的觀念，特別是我們學藝術、設計的，不應只拘泥於一個作品，即使被批評、被讚美都不應影響到你這個人。

—

期末成績不會當眾揭曉，老師說如果對成績有疑問可以來跟他討論，我發現在這裡的分數沒那麼重要，雖然Lance在平常課堂上滿嚴厲，卻在評分前說：「你們覺得最低分該是多少？70？80？我保證你們每個人都有pass，而且遠超過及格分數。雖然成績有最高和最低的落差，但就作品而言那真的是非常非常微小的差距，因為你們每個人都非常非常棒！」。

當老師問：「你們覺得我該幫這位同學加分嗎？」全部人激動舉手贊成，並且大聲歡呼！

我滿喜歡這種不是為成績而做的感覺，與其為了分數勾心鬥角，不如在學習的過程中學會溝通和誠心的為他人喝采。

—

「你的人生不會只有這個作品。」

我念完大四來這裡讀大一，可是卻有太多是我沒學過的。

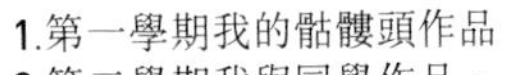

1.第一學期我的骷髏頭作品。
2.第二學期我與同學作品。
3.第一學期同學作品。

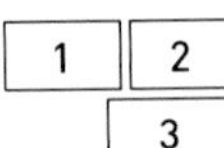

第一學期的期末素描作業
FINAL DRAWING OF THE SEMESTER ◇

2018.02.02

—

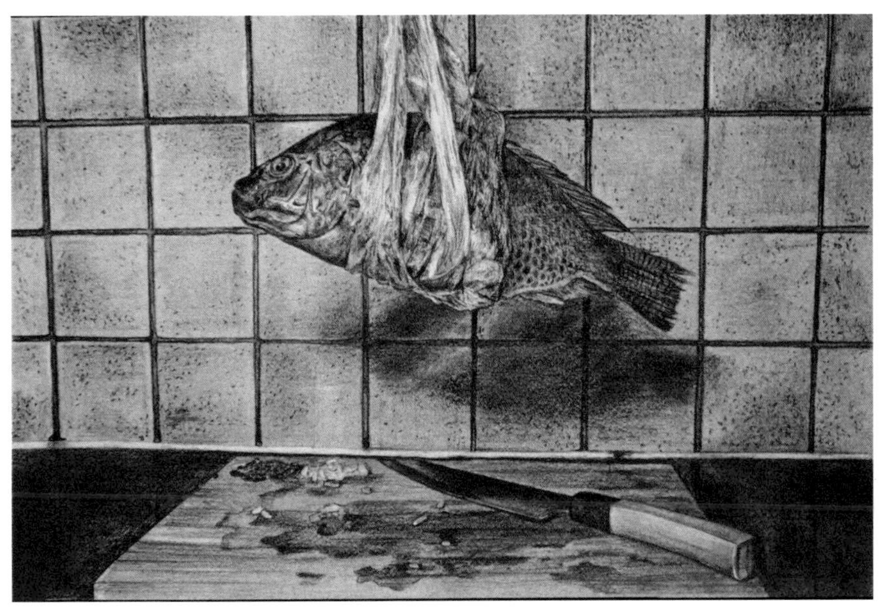

素描成品

這學期的素描課期末作業是畫一張靜物畫，老師Neta的要求很簡單：自由發揮但其組合必須有意義。老師說可以先拍照寄mail給她告訴她想法，她可以給一些打光或是組合的意見。

雖然知道這堂課的彈性很大，老師不會很苛刻，對各式的作品題材接受度都很高，甚至不會刁難繪圖技巧，但我仍然給自己很大的壓力，或許是因為以往教育的觀念根深柢固，很想盡力達到老師的標準，朝著老師會喜歡的方向去做作業，但困擾我的是因為語言隔閡，透過同學翻譯無法全然了解老師所傳達的言語及揣測老師的喜好，所以我不知道Neta老師的標準在哪。

我在思考要如何用物件組合成畫面傳達出意義？同時也想在這項作業中添加中華文化元素，或許也可以藉此讓以色列老師同學對我及我的國家更了解，使得這件作品有除了個人思想以外的含義。於是我想到了中華文化的精髓「成語」，用物件構建畫面，精簡的文字中卻有深遠的意涵，便朝著這個方向去思考，再加入我個人所想表達的思想。

決定概念後，我去耶路撒冷市場買了一條完整的魚（從來沒買過），還請魚販不要切、不要刮鱗片、也不要清內臟（魚販覺得我很奇怪），又特地買了木頭砧板（我原本用的是輕便的塑膠砧板，但希望畫面中有因水漬造成木頭砧板的深淺變化）。回到家開始展開我的大工程，我架起相機腳架，張羅擺飾好砧板、菜刀以及切一些用來搭配畫面的蔥蒜，用保鮮膜將魚包裹起來，用右手拎著，讓魚呈現懸吊的狀態，一面看相機鏡頭畫面，一面打光，再發揮人體極限伸長左手按下快門鍵！

拍下照片後，我寄Email給Neta老師，希望她給我一些建議（不論是想法上或技術上）。我好慶幸我有寄mail，因為這是唯一有文字的評語，我可以完全明白她的意思（平常都是口頭的英文夾雜希伯來文，只能「心領神會」……）

而我原本以為得到的會是技術性的建議，殊不知如此詩意！

—

以下為信件內容：

The idea of what i want to draw is:

There's a phrase in Chinese called "人為刀俎，我為魚肉", which means to be fish (meat) on someone's chopping block.

And i thought if i were the fish, i wouldn't allow myself to be trampled.

Thus, I tied up the fish, it somehow looks like hanging (suicide) but it aboves the knife and the chopping block, avoiding being killed by others.

（我的創作想法是：在中國文化裡有一句成語是「人為刀俎，我為魚肉」，字面上的意思是別人是刀及砧板，而我成為砧板上的魚肉，生死大權在別人手中。而我試想若我是那條魚，我不願意任人宰割。因此我將這條魚懸吊起來，或許他看起來像是上吊，卻越過了刀俎之上，逃離了被人宰殺的命運。）

老師回覆：

אן, קודם כל זו תמונה חזקה מאד! כצילום. שנית, המורכבות והאמביוולנטיות הזו שאת מדברת עליה היא טובה והופכת את הצילום למעניין עוד יותר: החילוץ של הדג הוא גם מעשה התאבדות, מצד שני החילוץ, התלייה והצל שנוצר על הקיר, נראים כאילו השיבו לדג מעט ממצב הציפה והשחייה בתוך מים. כאילו הוא שב לרגע, לבית, למקום שבו היה חי, גם אם זה בפנטזיה (כי הוא עומד למות וגם אם זו את שמשיבה לו את החיות ע"י זה שאת מחזירה לגוף שלו את מצב הציפה והתנועה שבמים.

sorry I had to start with my mother tongue. and now I'll translate my words to english☺

First Ann, its a very strong Photo! Good and powerful work of Art.

Second, the complexity and ambiguity that you're talking about, is what makes this picture to be so good and interesting: the act of rescuing the fish is at the same time a suicidal act. Tying the suicide rope, looks like wearing a wound, and because of it and because of the shadow on the wall, it become metaphorical and poetic: it turns to be as if you gave the fish his life back, you returned to his limited body, the floating and swimming in water state. Your act returned the fish for a brief moment to his home, to the place he lived once. And even if it is only a moment in the artist's (yours) fantasy or in the fish's fantasy (if he's not yet died) it is a poetic moment.

It can be great Drawing!! Good Luck, and show the Photo with the drawing.

Your's

Neta

（我必須先用我的母語來回應妳，現在我會翻譯我的評語。首先Ann，我必須說這是一張非常強大的照片！很好且有力量的藝術作品！

再來，你概念中的複雜性及雙關使得這個畫面非常棒及有趣：拯救魚的行動同時是自殺的行為，綑綁著上吊的繩子，看起來又像是包紮傷口的繃帶。魚的形體本身及魚在牆上的影子變得十分詩意且富有隱喻：如同妳將魚的生命歸還給他，妳把生命注入魚有限的身體裡，他漂浮著也如同回到水裡游泳，彷彿讓他回家 — 回到他曾居住的所在。即使這只是藝術家 [妳] 的想像或魚的想像，這都是個非常詩意的時刻。

這會是一個非常棒的作品！祝妳好運，記得也將這張照片和圖畫一起展示給班上看。）

1 2 1.拍照過程。 2.老師要我帶到班上的照片。

100分？◇

2018.08.11

在Bezalel為期一年的交換學生計畫結束了，這星期以色列老師們也將第二學期的成績上傳。我上學校系統查詢成績，看到我的素描課第一學期和第二學期的成績都是100分，心裡當然很開心，但其實我很納悶（這個納悶從第一學期看到成績後就放在心裡了），我承認這是我投入最多心力、最想表現好的課程，滿分也是每個學生追求的目標吧（至少身為一個台灣學生），但我自知我的繪畫技巧絕不是班上最好的，若要我自評，那肯定不會給自己打100分。

我對這樣的分數抱著很大的不解，於是我實在忍不住私底下傳WhatsApp給Neta老師。

我：「老師，我有一個問題想請問，我真的太好奇了，雖然我不確定問這個問題在你們的文化裡是不是禮貌的，若不禮貌的話，請原諒我。我很好奇您給我素描課100分的原因，當我看到成績時我真的非常驚訝，因為在我受的台灣教育中，從小學到大學，所有老師都說『在藝術裡面沒有100分』，他們會打98、99分，但就是不可能給出100分。我很好奇您對此的看法，可以請您告訴我您打100分的原因嗎？」

以下是Neta老師的回覆：

"I appreciated your tremendous talent, the personal development that took place this year, and the dedication to the learning process.

You have fire and water, air and earth, you have everything in your drawings. You are at your beginning, it's 100 percent to the present moment in time. And I thought you touched your own truth with great courage and without fear and that's a lot for me as leading process of teaching.

Perfectness and perfection is something filled with movement. It is not one point that needs to be reached.

I can tell that you were one of the students who always curious me to see their paintings because you always surprise me and the rest of the class."

（我欣賞妳的豐沛才華、在這一年的個人發展以及對學習的奉獻精神。

妳的畫作中有著一切，有火，水，空氣和泥土。妳正處於妳的起步階段，這是當前的100%。

而且妳以極大的勇氣、沒有恐懼去觸碰真實的自己，這對我的教學而言是最重要的。

完美與完全是充滿動感的一件事，並不是一個需要去達到的目標準則。

我可以告訴妳，妳是其中一位讓我一直期待並好奇看到畫作的學生，因為妳總是讓我和全班同學都感到驚豔。）

老師的回覆讓我想很多，也反覆思考以前曾拿到99分和現在拿100分的感覺，僅1分之差，但感覺確實差很多，99分 — 你已經盡全力，表現很好，終於完成任務，但是不可能達到滿分，永遠都拿不到的分數。而你要小心一旦鬆懈，分數會越落越多。

100分 — 滿分後，分數突然變得不是重點了，感覺更像是這一年透過老師的訓練，我的裝備達到多少present？我有多少的準備前往下一個階段？而接下來要面對的才正在展開。

分數可以嚴苛，讓學生為了追求高分而努力，努力磨練技巧；分數也可以慷慨，作為一種肯定與鼓勵。兩種都很重要，也各自有效果，不過究竟結束課程得到一個分數，意味著完成任務，還是即將開始呢？

猶太人的生意頭腦——非關金錢的交易 ◇

2019.12.02

這個星期到卡蒂馬（Kadima）的朋友Aya家過安息日，這是一個在內坦亞附近很樸實的小村莊，沒有高樓，沒有商場，在安息日更是寧靜到不行，路上只有步行去猶太會堂的猶太教徒。

原本Aya要開車載我去附近大城市晃晃，但不巧車子被她姊姊開走了。Aya也不知道在卡蒂馬能帶我去哪裡（放眼望去只有田、樹叢、住宅），但我還是想出去走一走，因此我們步行了一個多小時，穿越沒什麼車的快速道路，到卡蒂馬的森林散步。

這個季節的森林可以說是最美的，因為以色列只有冬天才會有雨水灌溉，氣溫涼爽，所以可以看到茂盛的綠葉、綻放的花及綠色的草地（在台灣聽起來再自然不過，但在以色列卻很難得，因為以色列太炎熱，大部分時間的植物都被太陽曬到乾枯呈現黃褐色）。我們在空無一人的大片森林裡漫步、聊天、互相拍照。悠悠哉哉地走向森林中心的小空地，在以色列很流行在假日時全家一起到戶外搭帳篷、野餐墊、烤肉、野餐，讓小孩子在戶外曬曬太陽，跑一跑。

遠遠地，我們看見在森林裡竟然有馬？！走近一瞧，旁邊有幾個牽著馬的阿拉伯年輕小伙子，看得出來和很多地方一樣是要讓遊客付費騎馬的。

我和Aya很好奇地走上前（其實是因為沒有其他事可以做），詢問了一下價錢：大的馬₪30（台幣240元），小的馬₪20（台幣160元），但因為我們出門時身上只帶信用卡，一毛現金都沒有，所以根本不可能騎馬。

我們就坐在公園椅子上和他們聊天，我隨意四處拍照，拍出現在這座森林很違和的馬匹、拍奔跑的小孩……我的朋友用希伯來文和他們聊著聊著，突然，Aya很興奮地告訴我：「成交了成交了！」

我愣愣地說：「蛤？成交什麼？」

她：「我跟他們說妳是從台灣來的攝影師，如果他們願意免費讓妳騎馬的話，妳可以免費幫他們拍照！」

我眼睛為之一亮，雖然我暗笑我根本不是攝影師，但在他們面前我還是故作鎮定，阿拉伯小哥們也用靦腆的笑容及友善的肢體語言和我示意沒問題。我幫他們拍幾張照後，他們讓我任選想騎的馬，帶我在森林走一圈，之後我們又坐在長椅上閒聊，搭配著肢體語言。我把照片即時傳給他們，而他們也很喜歡那些照片。（好險沒有漏氣……）

其實我對騎馬沒有太大的新鮮感，但是這樣的經驗和接觸卻讓我感到美好。我們都知道對方看重的並不真的是照片或騎馬，而是在這短短的十幾分鐘內交個朋友。非關金錢，非關種族，這樣的和諧實屬難得。

而我也領教我的猶太朋友有多麼會做生意🙃，我打趣地對Aya說：「妳真不愧是猶太人！」她說：「我看到他們和妳的相機的時候就想到了！就問問看啊，妳看，說不定可以！」

#生意頭腦是他們與生俱來的吧

#散個步也可以達成交易

#問問看說不定就成了

P.S.阿拉伯小哥說在馬的臉上蓋一塊布是為了防止這裡很多蒼蠅蚊蟲飛到馬的眼睛，但布的空隙很大所以馬可以看得到。

1 2 1.朋友媽媽準備的安息日晚餐。 2.安息日麵包Challah。

妳是我們的家人啊！YOU ARE OUR FAMILY ◇

2019.02.02

2018年12月回以色列正好遇到我最要好朋友Morya的生日，我和她的室友精心策劃一個驚喜，討論著討論著，我順便問可不可以借住幾晚？

朋友室友說：「妳現在是認真在問我這個問題嗎？」

我：「呃…對啊…不過不方便也沒有關係啦……😬」

朋友室友：「妳在開玩笑嗎？妳想在我們家住多久就住多久啊！You are our family!!!!」

接著每當我告訴一位朋友我要回以色列時，他們都熱情地主動邀請我住他們家，並說「我要請我媽媽準備好多好多好吃的拿手菜請妳吃！」

有些朋友住在距離城市有段距離的村莊，幾乎沒有大眾交通工具抵達，於是他們每天開車接送我去火車站，甚至有的特地請假陪我去旅遊，還有朋友記得我幾個月前提到想去沙漠，便規劃行程開車帶我前往。

整個行程我總共借宿了6位朋友家（分布各個城市），一間旅館都沒訂！（去過以色列的人就知道我省了多少錢！）

這一趟我跑了不少地方 — 新鮮的與想念的，然而綜合下來在心裡不斷堆疊回味的感動，終究是人與人之間的情感。

記得有一天我去以色列老師家拜訪，她的先生在廚房忙了許久後，削了一顆水果興奮地拿給我吃。我沒吃過這種水果，印象十分深刻，很軟，口感就像芭樂中間的心。他說這是仙人掌的果實，是以色列盛產的水果！

仙人掌的希伯來文是צבר（/tzabar/），我在課本上學過這也用來形容土生土長的以色列人，我問朋友：「用仙人掌來形容土生土長的以色列人是不是因為你們生長在不容易的環境？」

而我更喜歡朋友告訴我的另一個意思：「因為仙人掌的果實外面有很多刺，裡面卻很柔軟，就像我們一樣。」

「當我們出國遇到同是以色列人時，即便素昧平生，也會像一家人一樣。當你有任何困難，我們二話不說一定幫忙，因為如果我不幫，還有誰來幫呢？」

以色列人說話很直接，想到什麼說什麼，一有不同意見想法便會爭論到底（就事論事不傷感情）。

行為上看起來很保護自己，但當他們一旦認定你是真正的朋友／家人，就會對你好到底。

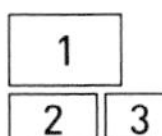

1.和以色列朋友慶生。
2.第20個安息日畫作：我與Morya。
3.以色列熱門水果仙人掌果實。

朋友帶我前往Ein Gedi沙漠途中行經貝都因人部落。

文化差異——我們真的沒有禮貌 ◇

前陣子，我和以色列朋友打電話聊天。

我問他最近好嗎？他說還不錯，但工作有點煩。

我很驚訝問他為什麼？他說他很喜歡這份工作，做得很開心，但是他不理解為什麼他的台灣老闆這麼常抱怨？明明老闆的生活品質很好、住的環境很理想、工作也很順利，可是還是有非常多不滿足的事情可以抱怨。

還有老闆不會跟員工直接說什麼該做什麼不該做，我問：「什麼意思？」

他說：「例如前幾天有以色列同事提早下班，老闆不開心他提早下班，卻不直接告訴他，反而希望我來跟他說。但是我不是老闆啊！這樣好奇怪。」

我：「這大概都是因為文化差異吧！我們台灣人真的滿常抱怨，但有時候抱怨是為了用不讓對方感到不舒服的方式來陳述自己的生活。舉例來說：如果老闆最近接了很多訂單、賺了很多錢，他不會直接跟對方說：『我最近過得很好，訂單接不完，賺了很多錢！』因為可能會造成對方心裡不舒服或被認為太驕傲，因此取而代之的說法可能會是：『我最近工作忙死了，每天都要加班，好累，都沒得休息，但還過得去啦！』我們台灣人漸漸習慣這種用負面說法來陳述的方式，久而久之也成為我們容易抱怨的原因之一。但最根本的原因其實是因為在文化裡我們被教導要謙遜、替對方的感受著想。」

「而老闆不直接開口對員工說他不該提早下班大概也是因為文化的關係。我們從小被教『以和為貴』，忍一下就好，盡量不要起衝突，所以我們常常不好意思直接跟對方說出自己真實的感受，怕對方會沒面子或心裡不舒服。特別是在糾正對方時，我們會用極度委婉的方式，甚至更多的時候我們只不爽在心裡，希望對方能讀到我們的心聲而自己改進😂」

以色列朋友：「哇！真的是很大的文化差異，我們在以色列有什麼就直接說，根本不管他是不是老闆、老師，因為不直接說，對方就不會知道啊！也不會改變。我們會為這件事辯論、爭執到有結果。哈哈！我們真的沒有禮貌🙃」

我想起在以色列時，和另一位以色列朋友提到Bezalel的期末評鑑所有學生講話都豪不客氣、十分犀利地挑戰權威！讓我很訝異和台灣完全不一樣！

她告訴我現在在她工作的公司也是這樣，每個月都會開一次會議，就像期末評鑑這樣，讓員工提出對公司的看法以及該如何做得更好，可以直接在主管、老闆面前提出意見，完全不用害怕！

雖然我以有禮貌的思想為榮，卻又覺得「禮貌」經常成為解決問題的阻礙。不禁對那樣直接的環境感到羨慕，因為處理起事情來少了猜測，簡單多了，而同時又有點害怕。因為當你在挑戰別人時，也要隨時接受挑戰與被質疑 #心臟要很強。

—

或許，直接了當，就事論事，不拐彎抹角，是他們不斷進步超前的秘訣。

因為他們沒有時間可以浪費。

Chapter 3
砂礫・滿足

你們有固定的吃飯時間嗎？
DO YOU HAVE A SPECIFIC TIME TO EAT? ◇

2019.02.28

—

來分享生活上一個小小的文化差異，是我餓肚子換來的！！

剛到以色列前幾個月，我被一位Religious猶太朋友邀請到她家過安息日，Religious猶太人在安息日（週五太陽下山－週六太陽下山）是不可以開火煮飯的，因此星期五的晚餐、星期六的早餐、午餐會在安息日前就準備好。

我在他們家從星期五待到星期六，那天安息日結束大概是星期六的18:00左右。和朋友在外面散步回到家已經19:30了，我覺得肚子有點餓，心想應該差不多要準備晚餐了吧！我在他們家東看看西看看，發現大家都很悠哉地做自己的事、坐在沙發上聊天，完全沒有要煮飯的跡象。於是我繼續晃來晃去偷偷觀察有沒有人開始有動作想走進廚房，等到21:00大家還是絲毫沒有想吃飯的意思，我肚子已經好餓了，但覺得問什麼時候吃晚餐好像很不禮貌，就試探性地問我朋友：

「呃⋯在以色列你們有特定吃飯的時間嗎？」

朋友納悶地看著我：「沒有啊！」

我保持一貫的笑容：「嗯⋯好喔⋯⋯😊」

就這樣繼續聊啊聊（等啊等）到了晚上23:00，我朋友說：「有點餓，我們差不多可以去煮個晚餐吃了！」

我心想：Thank God！妳可終於有點餓了！我都快要餓死了！！！

於是我們在晚上11點時，在廚房開始準備食材，一起做以色列的特色早餐שקשוקה（/shakshuka/）！（以色列人的早餐不分時間，24hr都可以吃）

料理好開始吃的時候都已經晚上12點了！！

那次經驗在我心裡留下一個問號，是不是只有這個家庭是特例，其他人還是會按照時間吃飯的？

後來有一次我和我的希伯來文老師Noy約見面，我們約晚上7點，我想說通常我們約這個時間就是一起吃飯的意思吧？

當天見面後，Noy問我：「那我們現在要去哪裡？公園好嗎？」

我心想：公園？？？「呃⋯⋯去咖啡廳如何？😅」

到了咖啡廳，她也不怎麼餓，只有我想點個東西來吃😓

我再度試探性地問：「在以色列你們有特定時間吃飯嗎？」

Noy：「沒有啊！」

我：「那你們都什麼時候吃？」

Noy：「就肚子餓的時候啊！這…不是很合理嗎？」

我：「也對😐」

我告訴她我們在台灣有特定的吃飯時段：

早餐（7-9AM）午餐（12-2PM）晚餐（6-8PM）

如果不在這幾個時段吃飯，又有早午餐／下午茶／宵夜之分了。

她覺得很有趣，並問我那如果中午12點去餐廳會不會人多到吃不到午餐？我說還好啦！

但我沒有告訴她……我回到台灣後習慣了以色列不固定用餐時間的生活，每次覺得肚子餓的時候都已經下午3點了，在台灣找不到餐廳吃飯！！😭😭😭

再整理一次：

1. 以色列沒有固定用餐時間

2. 以色列餐廳沒有下午休息時間

3. 以色列人24小時都可以吃以色列早餐

4. 和以色列人約吃飯時間見面不代表約一起吃飯！

第5個安息日畫作：我與希伯來文老師Noy

令人欣慰的街頭塗鴉——
一切都好-HAKOL BESEDER הכל בסדר ◇

在以色列的問候中，當有人問你"How are you?"時，很常聽到的一句回答是："הכל בסדר!"（/hakol beseder/）意思是everything is ok!

期末的有一天我急著趕去一個陌生的地點上課，路上仍不免俗地東張西望，觀察一些有趣的小事。走著晃著突然看到一面牆上塗鴉著很順口又常見的這句話"הכל בסדר"，內心感到激動並停下腳步拍起來。בסדר（/beseder/）的意思除了口語的ok之外，就字面上而言更是"in order"—「所有事都在計劃當中」。

所有事都在安排中，也在次序裡，或許超出自己當下的理解範圍，卻被提醒放長遠眼光來看。

我覺得這個突然閃入眼簾的塗鴉好有意義，或許它只是人來人往不被注意到的一隅，不被重視的次文化，但只要它曾經有意無意以無聲的方式出現在一個失落焦慮的人眼前，或許就成為當下最需要的力量。

之後，我又看過幾次הכל בסדר的塗鴉，在那不引人注目的地方（這些塗鴉的位置很有意思，例如被落葉／垃圾堆積的階梯上），是否為了垂著頭的行人呢？

以色列的街頭時不時會出現有趣的塗鴉，使人會心一笑、有的更走入心裡。

我不想成為這些東西的奴隸…… ◇

2017.10.04

自從開始學希伯來文以來，為了多加練習，我用語言交流軟體HelloTalk認識了不少以色列朋友，藉由這樣的交流，不僅可以更熟悉希伯來語對話，並且透過聊天過程，能更認識以色列的文化，甚至當我隻身到以色列時，這些在HelloTalk上認識的以色列朋友成為我生活中非常大的幫助。

我對猶太傳統文化充滿好奇和興趣，正好我在app上認識了一位猶太教朋友Vered，她告訴我她是在Religious家庭長大的，所以對於我多到不可置信的問題她都能迎刃而解，超詳盡又有耐心地回答我每一個問題。

和猶太朋友Vered及Hadas第一次見面，正巧遇到IDF以色列國防軍在哭牆舉行宣誓典禮。

在見面之前，她就告訴我她們家有六個姊妹！六個！而且其中兩對雙胞胎，而她正好是雙胞胎之一！她說這在Religious猶太教家庭算是蠻常見的，因為在聖經中猶太人要遵守的誡命之一是要生養眾多，所以虔誠的猶太教家庭會視為使命之一，積極地增產報國。（根據以色列時報2016年的統計數字，以色列境內猶太婦人的生育率是3.06、阿拉伯婦女是3.11，正統派猶太人是4.2，生最多的是極端正統派猶太家庭，每家7.6個孩子。即便是完全沒有信仰的以色列家庭，最少也有2個孩子。）果不其然，在以色列，特別是耶路撒冷街頭，經常會看到這樣的畫面：戴大帽子穿黑西裝的猶太爸爸推著嬰兒車，哥哥姊姊牽著弟弟妹妹，媽媽牽著一個孩子，肚子還懷著一個！

1.小姊姊帶著弟弟妹妹去市場買菜。
2.3.耶路撒冷街頭隨處可見人數眾多的猶太家庭。

我問Vered她在安息日是不是也不用能用手機？她說當然！因為神花了六天創造世界，第七天休息，聖經上也記載了「你六日要做工，第七日要安息。（出埃及記34：21）」，所以安息日必須休息，什麼工都不能做，包含所有的電子產品、電器用品都不能碰，因此我和任何Religious猶太朋友每週都有一整天的時間不能傳訊息。

我問不少猶太朋友他們到底怎麼做到不使用手機一天？尤其是在這個手機不離身的世代，10分鐘不碰手機就令人渾身不自在了，更何況是一整天，而且是每個禮拜！我以為這是個很痛苦的規定，不料每位Religious猶太朋友都告訴我：「這樣很好啊！這樣你才可以有時間和家人朋友聊天凝聚情感。」「這是我自願遵守不用手機一天的，長大後其實你可以自己選擇是否繼續當Religious猶太人，也可以自己選擇你虔誠的程度，但我覺得能在一個禮拜中有一天不使用電子產品很好，我不想要自己成為這些東西的奴隸……」

聽到這個回答後，我被震懾住了，我的朋友和我的年紀差不多，二十歲出頭，但是他們的思想卻如此成熟，是啊，我們每個人好像都被這些物質給綑綁住了，生活中時時刻刻填滿了新的資訊，似乎很充實，但想一想真的有必要時時刻刻知道facebook上朋友的近況嗎？有時好像是用這些不必要的資訊來填滿自己的空虛，虛擬世界的關懷甚至佔據了人與人之間真實陪伴的空間與時間。

我和Vered及她的雙胞胎姊姊Hadas約見面，她們邊帶我逛耶路撒冷，邊告訴我更多猶太傳統文化。我們一起用了午餐，因為她們是Religious猶太人，必須吃Kosher（猶太潔食認證）的食物，所以我們找的餐廳必須有由拉比認證的Kosher證書。她們告訴我Kosher有非常多的規定，其中最基本的是不能吃豬肉，也不能將肉和乳製品一起吃，因為聖經

耶路撒冷正統猶太教社區常見哥哥姊姊照顧弟弟妹妹。

上第一條也是最重要的飲食戒律是：「不可用山羊羔母的奶煮山羊羔。」上帝認為人要有「悲憐之心」，沒有任何動物願意看到自己的小孩被用原本應該拿來餵小孩的奶一起烹煮。所以猶太拉比將延伸出「奶類與肉類不可混吃」的規定，而有Kosher認證的餐廳也分為奶類餐廳或肉類餐廳（奶類餐廳不會出現任何肉類；肉類餐廳也不會出現任何乳製品）。

要選晚餐餐廳前，我聽到她們窸窸窣窣地討論，我問她們在講什麼？Vered告訴我，她們除了一餐當中不能奶類肉類混食之外，餐與餐之間若要從肉類換成奶類也不可以時間相隔太近，所以我們的中餐吃了肉，晚餐想吃乳製品的話就要等6小時！所以她們正在討論現在過幾個小時了？我跟她們說，沒關係，那我們晚餐還是選肉類Kosher餐廳吧！

她們在吃飯前和吃飯後都拿出小祈禱書祝禱，針對不同的食物還有不同的禱詞，朋友告訴我麵包是食物裡最大的，所以在祝禱麵包前要先去洗手，而且要用一個很特別的容器洗（在以色列餐廳的洗手台通常都會有這個兩個把手的容器），吃完後又要再去洗一次手，並且再回來作吃完麵包後的祝禱。

這是我來以色列第一次和Religious朋友見面，過了很酷的一天！從她們習以為常的生活中我學到好多，更認識猶太文化了！我真的不知道猶太人怎麼記得這麼多規定的，每一樣對我們而言都太難做到了。他們對自己的文化了解得好透徹並樂在其中，讓我羨慕且敬佩。

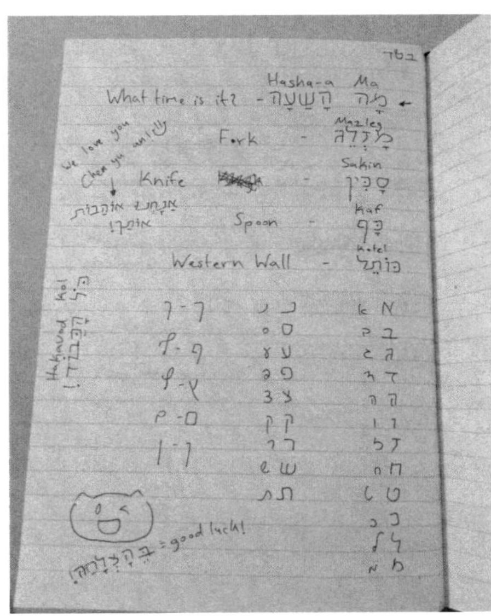

Vered在我的筆記本上教我希伯來文單字。
（Religious猶太人在寫字前會先在紙張右上角寫בס"ד，意思是With God's assistance。）

HelloTalk下載QR Code

你享受生命嗎？DO YOU ENJOY LIFE？ ◇

2018.05.18

—

幾個禮拜前，在走去學校的路上遇到影像燈光課同學Michal，她的祖父母是從波蘭回歸的猶太人，有著金髮白皮膚，剪了極短瀏海的她總是帶著笑聲，並且十分有自信。我很開心在路上遇到她，向她揮揮手打招呼。

她問我：“Hey Ann! Do you enjoy life?”

被這麼「深奧」的問題猛然一問，我還認真想了一下，遲疑3秒回答道：

“Hmm...yea...I guess so...”

“Good!!!” 她滿意地微笑轉身離去。

—

上週安息日和朋友Morya一起去她姊姊家，她姊姊的親戚們來訪，於是我們坐在客廳一起聊天。

身為護理師的親戚說到她認識有些夫妻沒有打算生小孩，不是經濟考量也不是不喜歡小孩，純粹覺得這個世界太糟了，不該再帶新的生命來到這個世界受苦。

“Of course the world is difficult, the life is hard! But I love the world, I enjoy my life so much!!”

（這當然是個不容易的世界，生活是困難的！但我好愛這個世界，我非常享受我的生命！）

這位親戚雙手按在心上緊接著說道。

—

接下來的幾天，這句話總時不時冒出來問自己，

“Do you enjoy life?”

2018.07.13

—

通常著戴大帽子穿白襯衫黑西裝的猶太教男子會避免與妻子以外的異性有任何接觸，走在路上都會避免不小心對到眼。

但有些主張「快樂」教派的猶太人會特別友善，遇過幾個大帽子猶太人主動問我需不需要幫忙，讓我感到特別驚喜！

某一天的安息日前幾個小時，美國來的交換學生Elisheva邀請我去她家作客，我們走在耶路撒冷市區正準備回家時，Elisheva看到輕軌站旁坐著一位體型龐大的猶太老先生，她說她認得這位老先生，之前在市場看過他喝酒跳舞，非常熱情和有趣。「我們去找他聊天！」Elisheva說完，馬上拉著我直奔向老先生（我當下滿傻眼的……）。

果不其然，老先生真的非常好笑又充滿活力，談話過程手舞足蹈。

朋友問：「你的快樂是從哪來的？因為你的教派還是來自你本身？」

他：「哇…妳這個問題太難了！哈哈哈！人們以為他們知道，其實我們不知道。」

手舞足蹈的猶太老先生。

他們有槍，但我們有花

THEY MIGHT HAVE GUNS, BUT WE HAVE FLOWERS ◇

2017.12.15

今天逛完舊城從大馬士革門出來看到戒備森嚴的IDF（以色列國防軍）和好多警察，雖然平常大馬士革門這一帶就比較多軍警人員（因為這邊是阿拉伯區），但今天卻異常也多，還有一群包著頭巾的阿拉伯女子坐在階梯上大聲喊著口號，雖然我聽不懂阿拉伯文，但根據氣勢和陣容感覺她們是在抗議，再往階梯上方看，發現來了好多好多正在連線的國際記者拿著麥克風播報著新聞。

走出大馬士革門看到的景象。

1
2
3

1.眾多國際記者連線播報新聞。 2.3.戒備森嚴氣氛緊張的軍警人員。

這個景象完全呈現沒來過以色列時「想像中的以色列」（包頭巾的阿拉伯人、背著槍械的軍警、感覺隨時會爆發槍戰），這是我在以色列第一次看到，也是來了這麼久第一次感到怕怕的。我加緊步伐快速走上樓梯離開這區，雖然有點緊張，但還是很好奇這裡究竟發生什麼事？！每走兩步又停下來回頭拍照，內心掙扎到底該快步離開還是留下來了解的同時，發現身旁一個被爸爸抱著的小妹妹，手上拿著一枝玫瑰花，不禁讓我想起數年前法國恐攻後，網路上的影片一位爸爸對兒子說：「他們有槍，但我們有花。」

後來問朋友才知道，今天在大馬士革門看到的阿拉伯人抗議是因為美國總統川普日前在媒體上公開承認耶路撒冷是以色列的首都，並承諾要把美國大使館從特拉維夫遷到耶路撒冷。這引發了以色列阿拉伯人及巴勒斯坦人的不滿及抗議，雖然耶路撒冷在國際上一直都是以色列的首都，

但因為耶路撒冷不僅是猶太教的聖地，也是伊斯蘭教的信仰中心，所以在宗教及政治上，耶路撒冷的歸屬一直是極度敏感的話題。

過沒幾天，我交換的學校Bezalel國際交流中心也特別發email給我們這些交換學生，提醒我們這陣子避免到West Bank（約旦河西岸）的巴勒斯坦自治區及耶路撒冷舊城，因為很有可能會發生恐怖攻擊。

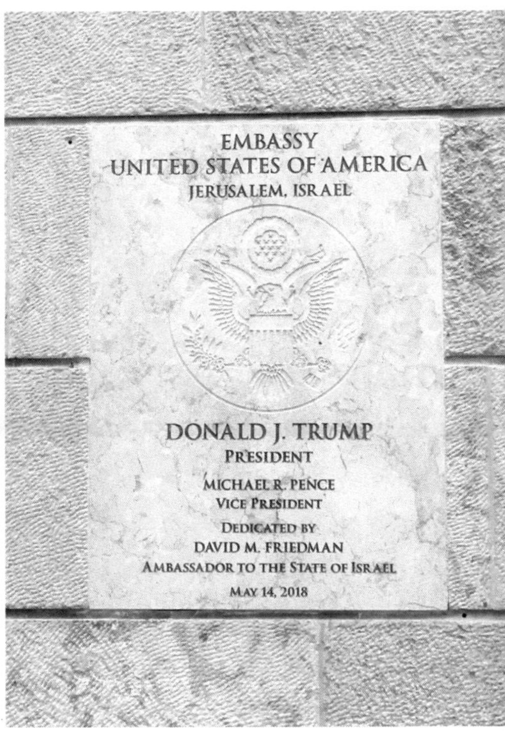

日後特地造訪搬遷至耶路撒冷的美國大使館。

每每看到耶路撒冷爆發的衝突，就深深為這塊土地感到不捨，也更明白為什麼聖經要一再提醒「你們為耶路撒冷求平安」，千古年前就記載的訓誨，一直到現在，都活著。

2017.10.23

—

傍晚時，和一位阿拉伯朋友Jemila約在耶路撒冷市中心的咖啡廳見面。我從家裡出發，在附近的公車站等了40分鐘都等不到公車，只好改變計畫，走15分鐘去輕軌站搭輕軌前往市中心。

沒想到上車刷了卡才搭一站，好多穿制服的站務人員就上車用希伯來文和乘客解釋著要求大家下車，我傻愣愣坐在椅子上不知道發生什麼事，一位站務人員對著我用簡單的英文說：“Get down, the tram stops here.”全車乘客都被站務人員趕下車了。我被放在一個前後沒有任何站牌的地方，只能和大夥被趕下車的乘客們一起徒步往前走，心裡不免嘮叨：「可惡，我才剛刷卡，₪5（台幣40元）就這樣沒了，還被放在這什麼鬼地方！」眼看Google Map上40分鐘的腳程，我納悶又無奈地跟著大批人一起走，不陌生的街道卻不太尋常，多了不少掛紅車牌的軍警車，封街，接著我步行經過哈雷迪教派社區，街上滿滿戴大黑帽、穿全身黑的正統猶太教徒，他們圍著行經的公車，喧嘩，圍觀。不知道發生什麼事，但他們看起來很歡樂，放著音樂，歡呼著。雖然好奇，仍快步離開，畢竟宗教社區和我們一般熟悉的社會是截然不同的，我一個柔弱外邦女子還是別湊熱鬧的好。

步行經過哈雷迪教派社區看到的抗議景象。

走了40分鐘後抵達市中心，突然一位戴大黑帽穿全身黑的猶太教男子走向我，問我需不需要幫忙指路（第一次跟大帽子先生講話耶！），他們通常不跟非他們教派的人有接觸，更別說是我這個外邦女子，所以我頗為震驚，我說：「我要去市場附近，但沒關係，我有Google Map，照著走就行了。」而大帽子先生人很好地說：「我也是要走這個方向，妳可以跟著我。」邊走邊小聊了一下天，我抑不住好奇心，問道：「為什麼剛剛沒有公車？也沒有輕軌？我走了好久的路！」

他處之泰然回答：“Oh, there was a terror attack, it's very common in Jerusalem.”

我聽完傻住。😐

他再說：「有些國家有空汙、天災等等…而耶路撒冷有時會有恐攻，這沒什麼。」

“You know, everybody will die, everybody! So, try to live for today :）”

（妳知道的，每個人都會死，每個人！所以，試著為今天而活吧！）

後記

事後我問了朋友，今天會沒有大眾運輸工具不是因為恐攻，只是因為 the Kharedim are protesting against the army（哈雷迪教派的猶太人在抗議軍隊）。

當彌賽亞來的時候 ◇

2019.12.27

—

星期五早上的耶路撒冷馬哈尼耶胡達市場（Machane Yehuda Market）是最熱鬧、最繁忙的，也正是我最喜歡的時刻，不僅有為安息日而大採買的猶太教男人女人、來自世界各地的觀光客、放假來市場吃飯喝啤酒的人們、甚至還有街頭藝人唱歌表演。我最喜歡在這個時候來水洩不通又嘈雜的市場，可以盡情的拍形形色色的以色列人（特別著迷於人物街頭攝影）！

在市場閒逛一兩個小時後，突然看到一位穿著滿潮的大鬍子猶太人從我面前經過，雖然看得出來他是Religious猶太教徒，穿著打扮都很宗教（從他戴的帽子和西裝款式判斷，應該是哈雷迪猶太教派），但不知怎麼地，這位大叔留著大鬍子、戴著墨鏡、掛著耳機，怎麼看就有種潮感！

我抓緊他從我眼前經過的幾秒，趕緊按下好幾次快門。

耶路撒冷市場的潮拉比。

這個很明顯的偷拍舉動似乎被他以及他身旁的年輕小男生發現了……很潮的大鬍子猶太人在我面前停下來。

我心想：死定了……我是不是要被罵了……（因為大部分Religious猶太人都不喜歡被拍照）

年輕小男生："Hey! Do you want to meet the Rabbi of Jerusalem Market?"（妳想認識耶路撒冷市場的猶太拉比嗎？）

我心想：拉比？！他是拉比？拉比竟然在我面前？！一般要和Religious猶太教男人不小心對到眼都很困難了，更何況是拉比？

我還沒回過神，很潮的拉比親切地問我："Where are you from?"

我："I'm from Taiwan."

潮拉比很興奮又雀躍："Oh Taiwan! I like Taiwan!"

我：“Really? You know Taiwan?!”

潮拉比：“Of course! It's a very clean country, no garbage on the ground. Not like here, you see? Garbage everywhere, here, there, everywhere!”（我當然知道台灣，那是一個很乾淨的國家，地上都沒有垃圾。不像這裡，到處都是垃圾，妳看這裡、那裡、到處都是垃圾）

我：“Haha yea, Taiwan is clean.”

潮拉比：「我聽說在台灣如果牙籤丟在地上就會被抓去關，是個超乾淨的國家！」

我：「是也沒有那麼誇張啦😅 But I love Jerusalem!」

潮拉比：「Jerusalem is amazing! 而且當彌賽亞來的時候，這些垃圾都會不見了！」

我笑笑地看著他，欣賞他樂觀、有盼望的態度。是啊，總有一天一切都會過去，何必拘泥這麼多不完美呢？

那是我第一次也是唯一一次這麼近距離跟猶太拉比說到話，其實比我想的親切許多，也發現他們時時刻刻都在等，等待他們的彌賽亞到來。

Machane Yehuda Market街景。

Machane Yehuda Market街景。

處變不驚的以色列人 ◇

2019.12.27

—

昨晚從耶路撒冷搭巴士回霍隆（Holon）的朋友家，車程大約1個多小時，路線會行經一些偏僻的區。

車開沒多久，就聽到司機和乘客對話 —

「左轉還右轉？」

「右轉」

「直走嗎？」

「對。」

「這裡呢？右轉嗎？」

「左轉。」

我越聽越覺得奇怪，巴士司機現在是在問乘客路線怎麼走嗎？！

司機：「我是新的司機，我不知道怎麼走啊！」

「下一站在哪裡？前面嗎？」

「不是，等一下紅綠燈要右轉。」

如果聽不懂還放心點，好死不死整段希伯來文對話我竟然都聽得懂！

我們竟然正搭乘一輛司機不知道路線的巴士上，但是車上的氣氛也太淡定悠哉了吧？司機後面坐著一群老太太，時而指路，時而和司機聊天，對話中還參雜著笑聲。我對眼前這個情況實在又緊張又無言，很擔心會在深夜被載到偏僻的nowhere……

過了半小時，不斷回答司機的老太太們陸續下車了（很熱情地跟司機揮手道別），我趕緊打開我的Moovit查看巴士是不是還走在路線上。

司機持續問著乘客，我抬頭偷偷一望，整輛巴士的乘客都和我一樣手持著Moovit地圖，一位身穿米色制服的IDF軍人索性坐到司機正後方，一路耐心又溫柔地幫他導航著。（在台灣肯定不會發生這種事，要是有，司機早就被投訴上新聞了！）

一小時後，我很「幸運」地順利下車回到朋友家，我跟朋友說：「妳知道嗎？妳一定不會相信剛剛發生什麼事！我剛剛從耶路撒冷回來的路上，搭的一台巴士，司機根本不知道路線！沿途都在問乘客要左轉還右轉！」

我以為朋友也會很傻眼，不料她幽幽地笑答：

「哈哈對啊，我們的巴士有時候會這樣啊！😊」

複雜環境下的簡單生活SIMPLE LIFE ◇

在耶路撒冷市場偶然拍到的一幕，為彼此臉上掛上一抹微笑。

2019.12.27

—

今年二月時放寒假回台灣過年，

回來以色列開學後的第一堂課，一位老師問我："How was your vacation in Taiwan?"（你回台灣的假期怎麼樣？）

我："It was really nice! I spent a lot of time with my family. But I miss here very much! "

（很不錯，在假期時我有很多時間與家人相聚。不過我非常想念這裡。）

老師好奇的問："Why? What makes you miss Israel?"

（為什麼？是什麼讓妳想念以色列？）

我："The Simple Life."
（簡單的生活）

—

老師：「什麼意思？妳知道的，這裡的生活很不簡單，甚至很複雜……」

對我而言，這裡的生活好簡單，我指的不是環境，而是心靈的純粹。

沒有什麼豪氣的高級轎車，路上大部分的車都小小舊舊的，甚至他們不在乎車的外觀，灰灰髒髒沾滿泥濘也不急著洗，好像就是……能開就好！

走在街上放眼望去，極端正統猶太教徒不用說，服裝一年四季都是大黑帽、黑西裝、白襯衫，其他Religious女生也有嚴格的服裝規定（衣領不能低於鎖骨，袖子不能短過手肘，一年四季都必須穿裙子但不得短於膝蓋，甚至哈雷迪教派裡面必須穿著褲襪），而我也幾乎沒看過一般路人穿著滿身名牌走在路上。

這裡甚至沒有百貨公司精品店，人們在有限中，搭配出自己的風格。

我常想念台灣多樣化的食物，但以色列人卻對他們的食物頗為自豪（在我看來他們的食物餐餐都是pita、falafel、shawarma……），他們卻說：「因為四散的猶太人從各國回歸到這塊土地帶來了各地的美食，所以在以色列我們才能有這麼多元的料理！」

這裡的生活也不像台灣那麼便利，沒有24小時的便利商店，不是每個街角都有小吃店；交通方面沒有捷運，去其他城市只能搭巴士或火車。我的筆電壞了2個多月還沒找到地方修；我住的區域Wi-Fi幾乎跑不太動😅；每週的安息日更是商店／餐廳／交通全部停擺，許多我們身在現代所視為「必需」的物質，在以色列卻沒有這麼大的需求。或許是緊張的環境，或許是種種限制，使得他們的生活是用「減法」精煉出生命中最重要的價值。

原以為在「快速的台北」長大的我會對這些不便感到不適應，卻意外愛上這種生活上的安靜及不被人為覆蓋的純粹。無法讓你產生太多物欲，所以不會追求不完；當一切用3C產生的娛樂被暫停時，才有時間與身旁的人創造最原始的滿足。

每件事情的發生都有它的意義，只是我們當下不了解而已。———

與妹妹及農夫Amir在集體農場Kibbutz。

以色列的3、4月有一個很重要的節期 — 逾越節，學校會放一個禮拜的長假，而媽媽和妹妹就趁著這個逾越節假期來以色列找我，一探我一心痴愛的國家到底有什麼魅力？！

我訂了一間在提比利亞附近的airbnb，三個人搭著計程車從拿撒勒啟程，告訴司機我們要去一個叫做Sharona的小農莊，不會講英文的阿拉伯司機找不到路，迷路了3小時，後座還乘著我二位臭臉的母妹，逼得我情急之下用零零落落的希伯來文跟司機溝通。沿途風景從市區變為曠野，從下午轉為日落，從₪200變為₪400。

終於在晚上九點左右到達這叫做sharona的小農莊，經過羊圈、牛棚，房子瀰漫著牧草味，媽媽碎唸著我幹嘛訂這種地方？妹妹無奈的笑問我這是哪裡？其實我也不知道，但感覺很特別。

房子主人想安撫我們花一堆計程車錢來到這裡的鬱悶，一時興起帶我們去參觀羊圈，殊不知翻轉了一整天無奈的心情。小小村莊內幾乎所有人都知道我們搭計程車迷路3小時的事了😅，主人的鄰居Amir熱情的帶我們去吃pizza，「我感到很抱歉，但我只能說每件事情的發生都有它的意義，只是我們當下不了解而已，這就是人生。」，相談甚歡後，得知他是在kibbutz（集體農場）種有機蔬菜的農夫，於是我們決定更改隔天的行程，去參觀他的有機菜園סבתא יהודית。

對於身為土生土長家族全是城市人的我們，這是個再特別不過的經驗了！

看著一望無際的菜園，我問Amir：「Wow!這都是你的嗎?」他笑著說：「不是我的，是『祂』的！（手指天空👆）」

Amir一一向我們介紹這些有機蔬菜，及以色列的滴灌技術，並直接從土裡拔紅蘿蔔給我們吃，還有新鮮的大蒜、茴香等等。不斷訴說土地的重要，「農藥污染的不只是我們的健康還有這片土地。」

「這片土地不只是供應我們這一代，還有我們的下一代和下下下代……，也沒有人有權利殺這裡的蟲，這是他們原本生活的地方。」

「如果灑農藥的農夫必須付醫療的費用和污染水資源的費用，那麼我相信就沒有人會繼續使用農藥了。」

從沒想過能有機會住在農莊，踏在以色列的土上，吃著剛拔出來的紅蘿蔔。他們自己蓋房子，養牛養雞養羊，自己種菜，自給自足的生活，擁有的似乎不多，但談吐之中卻感受到心的遼闊。我們取消了遊加利利湖的標準觀光客行程，這樣的深入土地之行與人情味更是難能可貴。

「我其實真的不認識你們，我只是你們房子主人的鄰居而已，但我好珍惜我們聚在一起的這個時刻，謝謝你們！」

在道別前，我向Amir說：「謝謝你，我知道那₪400的意義了，而且這很值得。」

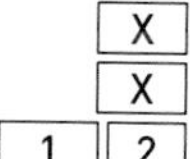

1.提比哩亞湖風景。
2.Sharona農莊裡的羊圈。

火箭之前，你才知道什麼是當下 ◇

2019.12.27

來說一下那天火箭警報אזעקה（/azakah/）的經歷吧：

十一月十二日，星期二，早上6點半我和朋友Morya說完再見送她上班後，我回到床上繼續睡覺。

過了半小時，窗外響起一陣警報聲，我以為是警車或救護車的聲響，但那個聲音持續並籠罩著整個城市。

我不以為意地躺在床上繼續睡覺。

聲響停止後，Morya的室友敲敲我的房門，問：「妳有聽到剛剛的聲音嗎？」

我慵懶地躺在床上：「嗯，有啊。」

室友：「所以下次妳如果聽到那個聲音，要趕快躲起來，我們有一分鐘的時間可以躲。」

我：「所以那是什麼聲音？」

室友：「是火箭警報。」

我：「😐……😱火箭？！」

我睡意瞬間退去，從床上彈起來，她剛剛說的是……火箭嗎？！

室友：「對，所以可能又要有戰爭了。」

我：「那…我們要躲哪？」

室友：「嗯……我們才搬來這裡一個月，這裡好像沒有防空室可以躲。我想這個房子最安全的地方應該是這裡吧。」她指著廁所前的空間冷靜說道。

我：「好，所以這很常發生嗎？」

室友：「不，在霍隆不常，這是第一次，也是我第一次聽到。」

我：「噢😯…那我還真幸運！」

隔幾分鐘，警報聲再度響起，我們站到室友說的廁所前面，我問：「妳確定這是最安全的地方？我怎麼不覺得……」

室友：「反正如果真的炸到這間房子，不管我們躲在哪，都會死。」

我：「😐」

警報聲持續著，接著聽到Boom Boom Boom的爆炸聲，我：「噢…聽起來很近，有點可怕欸……」

室友：「嗯…現在有一點……」

我們很冷靜地對話著。

第二次警報聲響結束後，室友爸爸打來告訴她如果沒地方躲，最好要躲到樓梯間，那裡是最基本的避難處。我的以色列朋友Yana也趕快打電話給我確認我平安，並告訴我不要慌張，她幫我查附近最近的防空室，要我下載防空警報app פיקוד העורף，這個app會通知你什麼時候有火箭，要逃去哪裡⋯⋯。

我跟室友笑說：「我真不敢相信在這個生命非常時刻我居然是和妳一起😂」

室友：「哈哈對啊，滿好笑的😆」

我們關注著手機新聞，火箭是從加薩走廊射過來的，這次攻擊的地點是特拉維夫、霍隆、里雄萊錫安（Rishon Letzion）及以色列南部。攻擊以色列中部的情形很罕見（比較常發生在距離加薩走廊比較近的南部），新聞說因為昨晚以色列擊斃了「伊斯蘭聖戰組織」領導人Bahaa Abu Al-Ata，因此加薩走廊正在報復以色列。

查著查著，第三次警報聲又響起了，我們趕快打開門要衝去樓梯間，看到正要逃到安全室的鄰居爸爸和女兒（原來這棟建築有安全室！），鄰居爸爸引導著我們一起趕快躲進安全室內。

在安全室內，我和鄰居說：「好可怕⋯」

鄰居爸爸一陣笑，帶著「習慣就好、不用擔心」的意味，他冷靜地說要去準備一些水放在安全室，或許我們會在這待一陣子。

警報解除後，我離開安全室上樓，不確定什麼時候、還會響起幾次警報聲。

我問室友：「今天停班停課了，那妳要做什麼？」

室友幽幽的說：「睡覺囉！」

我：「妳怎麼睡得著？妳不怕嗎？」

室友：「我試著不去想它。以色列很常會有這樣的戰爭，如果因此每天都很緊張擔心的話，那我們會很痛苦。在以色列我們甚至有這樣的玩笑『什麼時候？下一次戰爭時囉！』我們必須輕鬆一點的看待它，否則生存在這麼不容易的生活環境下，我們不會快樂。」

我常說我喜歡以色列的生活，因為很簡單。

「簡單」指的不是他們戰爭、恐攻、高物價的生活環境，而是以色列人在面對生活與生命時的態度。

相較於許多國家，他們不看重外表、整潔、物質、便利與別人的眼光……，他們甚至看淡許多未知與擔憂。

因為在生命之前，他們體悟的是真實與當下。

以色列，願妳平安 。

曠野裡聽見

話語

Chapter 4
堅韌・傳承

贖罪日 YOM KIPPUR יום כיפור ◇

2017.09.29

—

聽說今天晚上開始是猶太人的贖罪日יום כיפור（Yom Kippur），是我來以色列的第一個重大節日（從猶太新年過後就會開始一連串的猶太節日），不過贖罪日其實並不是一個歡祝的節日，而是一個最莊重反省的日子，求上帝的赦免與贖罪，在聖經時代他們會宰殺無辜無瑕疵的羔羊作為代替人類的贖罪祭，甚至在現今的以色列，還是有一些極正統教派的猶太人會宰殺雞來作為贖罪祭（不過這已經非常少見了，至少我在耶路撒冷街頭沒有看過。）

但是在聖殿被毀之後，拉比（像是猶太教裡面牧師的概念）不再教導用血和祭物來求神的赦免與救贖，現在的贖罪日著重於要刻苦己心的反省與禱告，在這一天大部分的猶太人會禁食禁欲25小時（連水都不能喝），不能用電子產品、不開車，穿全白的服裝，講求聖潔，求神將自己的名字記在生命冊中。即使是平時不太上猶太會堂的猶太人都會特別去猶太會堂禱告。也因此贖罪日的greetings是："צום קל וגמר חתימה טובה（Tzom kal ve G'mar Chatima Tovah）"「祝福你有個容易的禁食並且名字被記在生命冊上！」

我的Airbnb房東Meirav和Anat是守安息日的猶太教徒，這一天（贖罪日）對她們來講更是格外莊重的日子（贖罪日被稱為安息日中的安息日），我隨口問了一下之前只見過5分鐘面的Airbnb房東Anat：「我可不可以跟妳一起去猶太會堂？會不會不合適？」

她先是驚訝我竟然有興趣，然後說當然可以，邀請我今晚跟她一起去，並且一起先去她朋友家吃贖罪日開始前的last meal。（因為贖罪日開始後他們必須禁食25小時，所以會在開始前和家人朋友聚集，來個超級大餐！）

到了她朋友家，看到好多人一起聚集享用last meal（是道地的以色列菜耶！），大家都很友善，好奇我從哪裡來？為什麼會來？即使我只是個短住2個禮拜的airbnb房客，他們仍然非常熱情，突然間認識了很多猶太朋友，又開始了文化交流（還好我帶的台灣伴手禮夠多⋯⋯）。很巧的是，其中3個朋友都是希伯來文老師，更巧的是他們竟然在我學希伯來文的機構教課！

在贖罪日開始前最後幾分鐘，他們邀請我一起點蠟燭（就像安息日一樣，在開始之前，會由女主人點蠟燭並念祝禱詞），其中一位希伯來文老師Tal主動拿出經文書教我，一句一句帶我唸希伯來文禱詞😄（後記：幾個月後，Tal竟然變成我正式的希伯來文老師！）

之後朋友們各自去到自己的猶太會堂（這個社區裡猶太會堂超多，每兩條街就有一個小會堂。）我跟著Anat和一對夫妻朋友一起到一間看起來沒有很華麗的會堂（像是社區裡的小教會）。這是我在以色列進去的第一間猶太會堂，非常期待裡頭長什麼樣子。我環顧一下四周，和一般教會怎麼沒什麼差別？台上一位拉比講道，台下坐著會眾，拿著經文本。聽著聽著，我突然大驚 — 奇怪？我怎麼可以聽得懂？！！拉比竟然是說英文？！！事後我才知道這個會堂是為了美國回歸的猶太人所設立的（Anat是從美國回歸的猶太人，所以她都來這個會堂），因此不是典型的猶太傳統會堂，反而比較像是教會的形式（如：會有拉比講道，男女會眾可以在同一個空間，不用區隔），不過他們讀的禱詞（希伯來文）我真的是一點也看不懂，一直跟著他們起立坐下起立坐下（他們有時候讀經到一半，會依照經文上的指示要起立或坐下）。

會堂結束後，我們幾個人散步到舊城區，Anat的朋友告訴我：「這一天很特別，只有在贖罪日妳才能看到這樣的景象 — 路上沒有車，就連高速公路上也沒有車，可以看到小朋友們在大馬路上騎腳踏車竄來竄去，這是我小時候最喜歡的日子！當然，也因為小朋友不需要禁食。」

我們一路走到哭牆，滿滿的人潮，平時黑衣黑褲的猶太男人在這一夜全都身穿白色，披著白色禱告巾在祈禱。

回程我們走在馬路正中央，看著猶太年輕人肩併著肩手拉著手，邊齊聲唱歌邊往哭牆的方向走去

很特別的夜晚，回歸一種寧靜、單純的和諧，

或許是我從未體驗過的。

1.中間是我的Airbnb房東Anat，為了尊重他們不用電子產品我不好意思在他們面前拿出手機拍照，但又忍不住想記錄下這難忘的時刻，只好在背後偷偷拍。
2.贖罪日夜晚的哭牆。
3.贖罪日沒有車子的夜晚，街道上滿是出來散步的人。
4.第4個安息日畫作：我與Airbnb房東Meirav

和當地人一起澈底體驗贖罪日 ◇

2017.09.30

Airbnb房東Anat和Meirav是守節日規範的猶太教徒，但她們說我身為房客可以在我的房間裡做各種我想做的事，可以自由使用電器、吃喝東西，但為了澈底體驗這特別的贖罪日，我決定和當地人一樣禁食25小時！（連水都不能喝）

一早起床，我很好奇猶太人在贖罪日會做什麼？而猶太信仰的聖地就是哭牆，我想任何特別的宗教儀式一定能在這裡看到，因此沒吃早餐，便準備獨自出發前往哭牆！

我沒辦法像他們一樣不用手機，因為初到以色列人生地不熟的，必須靠著Google Map指路。這一天所有大眾運輸工具都停擺，甚至連計程車都沒有，我照著手機地圖的指示，從Airbnb徒步前往耶路撒冷舊城的哭牆。明明前一晚才跟房東一起去過那裡，但不知道為什麼Google導了一個超遠又難走的路線，我走進了阿拉伯社區，那是我第一次走進阿拉伯社區，一個偏僻的區域（我事後再也找不到那是哪裡……），所有路人盯著我看，我緊張兮兮地快步往前奔。走了一個半小時左右，終於終於到了舊城（後記：舊城有很多城門，最靠近哭牆的是糞廠門Dung Gate，我當初在Google Map直接輸入「哭牆」，所以從這個門進來。但我覺得這個城門的道路是最難走的，根據日後進出舊城幾十次的經驗，我建議導航到雅法門（Jaffa Gate）或大馬士革門（Damascus Gate），從這兩個門進來再到哭牆比較容易。）

果不其然，贖罪日的哭牆很值得我艱辛的腳程 —— 我看到比昨晚更多的人潮，所有人都穿一身白（我也特地穿了白色T-shirt參與其中）！哭牆分為男生區和女生區，其實來哭牆最有趣的就是偷看男生區，因為猶太男士有特別的服裝規範和各種只有男生才能配戴的物件和舉行的儀式，雖然女生沒辦法進到男生區，但可以站在椅子上偷看！！（噓~）看到他們披著白色禱告巾，哭牆內擺放很多讀經的小桌子，上面鋪了白色桌布及經書（贖罪日專用），很喜歡看猶太教徒身體前後搖擺、搖頭晃腦地禱告著（據說因為這樣可以很專注）。不過在這一天要注意的是不可以拍照（平常安息日也不行，而贖罪日最嚴格禁止，連拿出手機都會被瞪），一開始我不知道所以拍了幾張，直到被制止……。

觀賞得差不多後，我又要照著google指示，徒步走回Airbnb了。清楚記得我從糞門走出來後，繞到一個荒涼的山上，這時日正當頭，走在前不著村後不著店的山坡上，又累又餓又渴……，只能繼續往前走，不過空蕩蕩的街道真的很特別，除了大肆在馬路中央騎腳踏車的小孩，還有玩滑板和直排輪的年輕人，這一天整個城市都是他們的練習場（尤其耶路撒冷起起伏伏的地形更是玩滑板的好場所）。

大概走了2個小時，我才終於抵達明明沒有很遠的Airbnb住宿，一開門體力不支地倒在床上動彈不得，我好餓…好渴……但是為了體驗贖罪日，我還是堅持不吃東西、不喝水。當你被禁止做一件事時，似乎會特別想去做……果真是勞其筋骨，苦其心志的一天呢！

等到贖罪日結束後，我問房東贖罪日他們都在做什麼？他們說大部分時間都在睡覺和看書，因為不能做別的事，又不能吃東西，所以睡覺是最好打發時間的事！當他們聽到我禁食還在大太陽底下走去哭牆，都覺得我真是瘋了😂！

希望今年我的名字有被上帝寫在生命冊上！

後記

我有些非Religious猶太朋友說他們在贖罪日也會禁食，不是因為宗教的原因，而是因為禁食對身心靈都是有益的！

1.贖罪日白天空蕩蕩的耶路撒冷街道，路上沒有一台車。
2.贖罪日白天，眾多猶太人身著白衣到哭牆祈禱。

住棚節 SUKKOT סכות ◇

2017.10.05

—

住棚節（Sukkot）前一天，我和猶太朋友約見面，在路上我們看到家家戶戶在庭院或屋頂上用木板搭棚子，餐廳也會特別在戶外搭棚子（Sukkah），上面還會吊掛許多繽紛的葡萄、鳳梨吊飾，看得出他們精心的布置。我問朋友：「這是什麼？為什麼最近看到很多這種棚子？之前都沒有耶！」

朋友笑答：「為了Sukkot啊！這是猶太重要的節日之一，在我們的曆法（猶太曆）中七月十五就是住棚節，而且會為期七天！大部分的Religious猶太教徒都會在家裡外面搭一個棚子，在這七天內我們要在裡面吃飯，甚至有些更虔誠的猶太男人會在裡面睡覺。」

我：「為什麼？」

朋友：「是為了紀念我們以色列人出埃及在曠野漂泊的時候，神一直都與我們同在，每天用雲柱火柱照顧我們。所以即使現在我們都有房子住了，但還是會在住棚節的時候搭棚子，在裡面吃飯睡覺紀念我們在曠野漂泊的時光，藉此感謝並提醒自己神一直到如今的看顧與供應。」

我：「原來如此，那妳也是Religious猶太教徒，你們家也有搭棚子嗎？」

她：「有啊！每一年我爸爸都會在庭院搭一個棚子，我們負責布置。」

走著走著，她問我：「妳要不要去馬哈尼耶胡達市場？（耶路撒冷的猶太傳統市場）」我說：「我有去過那個市場啊！」朋友神祕地說：「但妳一定沒去過Sukkot的市場！」

原來在住棚節期間，馬哈尼耶胡達市場的對面會搭一個大棚子，專門賣Sukkot相關物品，例如祈禱用的植物、布置棚子的裝飾品等等（其實我覺得他們的裝飾品還蠻「台式」的，像是會掛在中餐廳門口的亮面彩色鳳梨彩球……）

在 Sukkot Market 裡可以看到很多戴著黑色大帽子的猶太教男子來買 Citron（黃色或綠色的香櫞）、Lulav（棕櫚葉）、Hadas（香桃木）和 Aravah（柳樹樹枝），因為在住棚節時按照聖經的規定，經過成年禮的猶太男子在住棚節期間，每天都要拿這四樣東西在猶太會堂或棚子內揮舞作祈禱儀式。

*簡單介紹一下用這4樣植物祈禱的儀式：將Lulav, Hadas, Aravah的枝葉握在右手中，而Citron握在左手。朝六個方向輕輕的搖 — 前後左右上下，並說特別的感恩禱告。

我發現他們不是像挑青菜蘿蔔般隨便，而是皺著眉把葉子一片一片翻開來細細端詳；把香櫞捧在手上，神情謹慎嚴肅360度仔細檢查。

我問朋友：「他們到底在看什麼？為什麼看得那麼仔細？」

朋友說：「他們必須檢查葉子不能有一點點的錯誤。」

我：「什麼叫做不能有一點點的錯誤？」

朋友：「例如被折到、斷掉、有一點瑕疵或是長得不對（?），這對祈禱都是不好的！」

我真的滿好奇到底什麼才是長得正確，也想買一顆citron吃吃看是什麼味道（雖然朋友說那不是拿來吃的，直接吃的味道很噁，他們祈禱完後會做成果醬），但後來朋友說一顆完美citron價格可以高達₪600（相當於台幣4800元！），即使是普通一點的也至少要價₪50（台幣400元）！我只好摸摸鼻子作罷，寧可把錢拿去餐廳好好吃一頓😅

Sukkot市場，猶太男人仔細挑選祈禱的植物。

餐廳外面搭起棚子，讓顧客可在戶外用餐。

哭牆搭起巨大的Sukkah，提供民眾祈禱。

安息日 Shabbat שבת ◇

2017.10.13

—

初到以色列的第二週，我在網路上聊半年天的猶太朋友Vered問我有沒有興趣到他們家過安息日（Shabbat，週五太陽下山—週六太陽下山）？

對於對猶太文化充滿好奇的我是難能可貴的好機會，當然一口答應，可以更深入了解猶太文化並體驗猶太家庭氛圍。

（Vered跟我說當她告訴她的家人我要去他們家過安息日時，她的姊姊比她還要興奮，她的姊姊還告訴她朋友有一個台灣女生要來家裡，然後她姊姊的朋友也很興奮！）

他們是虔誠的猶太教家庭，從生小孩的數量就可以得知，因為聖經上神說「要生養眾多」，所以她家裡有6個姊妹。我一直很好奇他們的安息日是怎麼過的？不能使用電器、電子產品、不能作工（包含開關燈、寫字、煮飯、洗澡、洗衣服等等），究竟這漫長的一天要做什麼？

在安息日開始前（5:48PM，每週都不一樣，他們的日曆上精確印有每週安息日開始與結束的時間），猶太媽媽忙著煮一桌的安息日晚餐（還得同時準備隔天的中餐，因為安息日不能開火下廚），又要打掃家裡、拖地、洗衣，就像我們的除夕那樣忙碌。

安息日前的半小時，全家所有的姊妹們進入一個超級忙碌狀態，輪流洗澡、換上正式的服裝（Religious女生的袖子要蓋過手肘，裙子要蓋過膝蓋。平常穿的服裝也如此☹），接著開始化妝，我很驚訝又納悶地問她們為什麼要在晚上化妝？她們說平常若是為了出門漂亮而化妝會覺得意興闌珊，但是她們很樂意為了迎接安息日的到來而化妝！這時候整間房子的人都忙碌地衝來衝去，我靠在牆邊像個婚攝般記錄她們，同時也驚豔於他們是如何慎重的看待每一週的安息日。猶太媽媽負責點蠟燭並祝禱，開始了安息日。

我跟著他們一起把手機關機，也不用相機（所以我沒有安息日的照片），不僅是為了尊重他們，也想真的體驗一下猶太家庭的生活。

我問Vered安息日開始我們會摸黑吃飯、走路嗎？她笑著說有一個很棒的發明叫做"Shabbat clock"，可以預先設定好任何電器要運作的時間，所以日光燈持續亮到設定的時間，隨後自動熄燈，另外一個很重要的發明是加熱的平板，在安息日開始之前先插上插頭，平板會持續加溫，安息日開始後只要把食物放上去就可以加熱（不算煮），所以我們不用吃冷掉的食物，但是要注意的一點是這個平板不能加熱液體，因為一旦沸騰就算「煮」了！

我們換好衣服後，先去她們爸爸的אשכנזים synagogue（東歐回歸猶太人的會堂），男生和女生的入口是分開的，座席也不同區（男生在前面，和拉比同一區；女生在男生區後面的一小間隔間，隔著透明的窗戶可以聽到正在讀的經文和禱詞，但是要拉上網狀窗簾☹），緊接著到另一間她們媽媽的ספרדי synagogue（西班牙裔猶太人會堂），形式基本上差不多，我聽不懂任何一句希伯來文禱詞，跟著他們該站的時候站，該坐的時候坐，該轉身的時候轉身。在會堂裡迎接安息日的到來，Vered告訴我他們將「安息日」視為皇后一般，所以他們會很開心的唱歌歡迎安息日來臨！

回到家全部入席後，開始安息日晚餐！

所有家庭成員要先站起來，唱讀安息日的禱告詞，猶太爸爸會祝福安息日的葡萄酒（汁），按長幼順序分給妻子和小孩。接下來祝福麵包，但麵包是食物裡最大的，在吃麵包前要先用特別的容器洗手，左右手各洗3次後禱告，到吃麵包前都不能說話，猶太爸爸也會將一整塊麵包按順序分。

P.S. 我有偷聽到她問她媽媽今天的晚餐是meat餐還是dairy餐？她媽媽說今天晚餐是肉，隔天早餐才是乳製品（因為他們不能將肉和乳製品混在一起吃，甚至要相隔6小時，連水槽、鍋碗瓢盆、餐墊都必須分開，不能混著用！）

晚餐吃得差不多時，Vered拿出妥拉（摩西五經，也就是聖經舊約的前面五本書），讀創世記的第一章給全家聽（很幸運他們前一天是慶祝讀完妥拉的節日，所以這禮拜的安息日從頭開始），他們開始針對經文提出問題和討論，很輕鬆愉快的，並非嚴肅鑽研。

吃完飯後全家人坐在客廳翻小時候的相簿，一本接著一本，每個人爭先恐後說著這張照片的故事，整個客廳歡笑聲不斷。

隔天距離安息日結束幾乎有一整天的時間都不能用手機，手機重度成癮的我很好奇到底要怎麼度過這十幾個小時？她們說通常她們在安息日都是看書、睡覺、聊天，因為神造世界六天，第七天休息，所以這是澈底休息的一天！

我們不斷聊天進行文化交流，我問很多希伯來文問題和以及我對猶太文化不斷冒出來的好奇，她們對東方國家的語言和文化也很好奇，甚至翻出她們先前寫好的漢字來問我怎麼讀😄

然而最讓我感動的是我們坐在餐廳，她們拿出安息日的詩歌本（沒有五線譜，只有密密麻麻的文字，但他們都會唱），只要有一個人起頭，其他的姊妹們開始跟著合唱，完全不用看，還能分部和聲，我只能說 超 好 聽 ！！！

直到晚上6:47，全家會再聚集在一起做一個儀式 — Havdala，猶太爸爸會念禱詞祝福葡萄酒、香料、蠟燭，送走安息日。

我在他們家住了2晚，深刻感受到守安息日的美好。安息日，全家人能聚在一起沒有手機沒有外界的干擾，是凝聚情感的重要時刻。星期日（他們開工的第一天，相當於我們的星期一）各自回到自己的崗位，我看著她的姊妹們各自背著超級大的背包（很像登山的）到別的城市去讀書、工作，直到安息日再回來團聚。

這次的經驗使我大開眼見，他們對安息日的重視相當於我們之於農曆新年，卻有更多的細節和規範。我們會為了方便自己而簡化文化，他們卻是為了遵守規範、文化而去發明，並且樂在其中。

我很感謝他們全家待我如同他們的一份子，Made me feel like home. 💕

1	2
3	4

1.猶太家庭準備過安息日的廚房（把準備好的食物放在加熱平板上）。
2.安息日晚餐餐桌。3.由女主人點安息日蠟燭，並祝禱。
4.星期六傍晚用Havdala結束安息日，桌上為Havdala儀式所需物品。

1.星期六傍晚用Havdala結束安息日，桌上為Havdala儀式所需物品。2.用布蓋著的安息日麵包Challah。3.安息日蠟燭，朋友家庭有一家八口，所以有八盞蠟燭。4.第3個安息日畫作：Vered與我的照片。 5.與Vered及她的姊妹們。

光明節 HANUKKAH חנוכה ◇

2017.12.12

從今天晚上開始一連八天都是猶太人的光明節，是一年當中很重要的節日之一。

我很多朋友都說光明節是他們最喜歡的節日！

今天就從它的由來開始介紹吧！

（我問我的Religious好朋友，全部都是他逐字打出來傳給我的！他說他們從幼兒園開始每年光明節都要聽一遍，所以早就對這個故事倒背如流了。）

在公元前167年，以色列被希臘的王Antiochus統治，他掌控了猶太人的聖殿，破壞它，並且禁止猶太人遵守Mitzvot（猶太人根據妥拉遵行的規定，例如守安息日、會堂崇拜等等），一旦發現有人在遵行Mitzvot就直接處死。

猶太人再也無法忍受這個情況，因此他們決定反抗。

這時，Maccabin家族率領一群猶太勇士開始了反抗，他們無法忍受再看著猶太人被迫過著希臘化並且偶像崇拜的生活（很重要的是，希臘化生活與猶太人的妥拉聖經是相左的。）

因此爆發一場很大的戰爭 — 猶太人對抗希臘人，但這個戰爭是很不公平的，因為猶太人人數很少卻要對抗很多的希臘士兵，但難以置信的奇蹟發生了！猶太人最終贏得了這場戰役！

之後猶太人奪回了他們的聖殿，除去希臘人在聖殿裡擺放的偶像及一切不潔的東西，並且再按律法規定重新點燃聖殿的燈台，卻發現在希臘人的破壞下，只剩下足夠燃燒一天份量的燈油，但燈台卻必須每天都點燈，此時，另一個神蹟又發生了！在等待提煉合乎潔淨禮儀的橄欖油的過程中，原本只夠燃燒一天的燈油竟然足夠燃燒8天！直到新的燈油剛好提煉完成！

猶太人為了紀念這個奇蹟，在光明節的8天中，每天都會點蠟燭，點蠟燭的方式也很特別：

在光明節的這8天，家家戶戶在晚上（當天空出現3顆星星時）在燭台Hanukkiya上點蠟燭，邊唱光明節的歌、祝福禱告。

Hanukkiya是光明節的燭台，它看起來和以色列國徽金燈台（Menorah）很相似，只是金燈台是放7根蠟燭，而Hanukkiya可以放9根蠟燭，最中間特別高的那根蠟燭（shamash）是最主要的蠟燭，點蠟燭時先用火柴點燃shamash，再拿shamash的火來點燃其他根蠟燭（猶太朋友說因為他們不能碰其他根蠟燭，所以只能用shamash來點燈）。

光明節共有八天，而每一天會從左至右多點一根蠟燭

如：第一天用shamash點燃一根蠟燭，第二天點燃兩根蠟燭……所以光明節第八天，連同shamash在內，共有九根蠟燭被點燃，也就是完整的Hanukkiah。

在光明節人們會用這句話來彼此祝福問候：
Happy Hanukkah = חנוכה שמח （Hanukkah same'akh）

חנוכה （Hanukkah）（光明節的希伯來文） 意思是「喬遷之喜」，紀念猶太人再度奪回聖殿並且可以繼續遵守Mitzvot！

The story goes like this - long times ago, there was a Greek king Antiochus.

Apparently, he didn't really like the Jews (he thought they made fun of him or something...) so he took control over our Temple, destroyed it and banned them from keeping the Mitzvot. If someone was found doing a Mitzva (like learning Torah) he killed him right away. The Jews couldn't stand that kind of situation so they made a revolt against that.

At that time, there was a man called Matityahu and his sons known as the Maccabim. They were originally called "Khashmonayim" and they were the Royal Family. They started the revolt! They couldn' t stand watch how the Greeks are making the Jews pray to Idols!

It's important to say that Jewish people started to become Greek and went after the greek culture and that's against the Torah...

Matityahu made the Jews united against the Greeks and after he died his sons continued what he started.

After that there was a big war - Jews against Greeks. But it wasn't a fair war since there were only a few Jews and many, many Greek soldiers! But one of the miracles is that we won! It was unbelievable!! After the Jews won they conquered back the Temple and cleaned it from the Idols that the Greek put there and looked for an oil to lit the Menorah. So then there was the miracle on the oil jug.

And the name Hanukkah actually means "housewarming". It's because we got the Temple back and could keep the Mitzvot freely again.

1.2.猶太家庭家家戶戶點蠟燭唱歌。 3.4.哭牆點光明節蠟燭盛大儀式。

哭牆的光明節燈台。

光明節陀螺、錢幣 SEVIVON, DMEI HANUKKAH ◇

2017.12.14

—

在來以色列之前，我對光明節的認識是從這個陀螺開始！這是光明節特別的陀螺-סביבון（/Sevivon/），Sevivon和一般的陀螺不太一樣，這個陀螺隱含著重要的「文字密碼」！Sevivon的四個面各有一個希伯來文字母，分別為נ ג ה פ，完整的句子是 נס גדול היה פה（/nes gadol haya po/），取開頭的字母放在陀螺四個面上，意思是：曾經有一個大的神蹟發生在這裡！這裡的神蹟指的是什麼呢？就是上一篇提到光明節的由來 — 猶太人被希臘王統治時期聖殿裡發生的神蹟。

נס (/nes/) miracle

גדול (/gadol/) big

היה (/haya/) was

פה (/po/) here

我很好奇為什麼是「陀螺」而不是其他玩具呢？因此繼續追問我的以色列朋友，原來是因為當時希臘王禁止猶太人遵行妥拉Mitzvot，一旦被發現立馬處死，但猶太人仍然繼續做例行的Mitzvot，當希臘士兵突襲檢查猶太人的家時，他們趕緊收起猶太相關的東西，小孩子們假裝正在玩陀螺轉移士兵的注意力，才逃過一劫。

以色列朋友更補充，在以色列的Sevivon是寫著נ ג ה פ，但分布在世界各地的猶太人也會共同慶祝光明節，若是在其他地區的Sevivon寫的則是נ ג ה ש，因為פ是פה（/po/）「這裡」的意思，而ש是שם（/sham/）「那裡」的簡寫，也就是指A big miracle was there （in Israel）！

在光明節可以看到小孩子轉著陀螺互相比賽著，或是把糖果放進陀螺裡，輪流轉陀螺猜最後會停在哪一面？猜對的就可以得到陀螺裡的糖果。

在光明節的星期五，我到Religious朋友家作客過安息日，下午時朋友的姊姊突然 “Ah!!!” 大叫一聲，她說她差點忘了！接著拿出一個玩具送給我，她們說這個Sevivon很特別，裝電池會旋轉唱歌的Sevivon，唱的歌就是光明節童謠！她們在路上看到就決定要買來送給我，不過因為這個Sevivon要裝電池，所以算是電子產品，她們在安息日也是不可以觸碰的，因此趕緊要在安息日開始之前送給我！

總而言之我好喜歡這個很有意義的陀螺，或許令我如此著迷的原因不只是節日的代表物，而是所有人都清楚明白他們在慶祝、紀念的是什麼，並且重視珍惜它。

The story of Hanukkah happened in a time when Jewish people couldn't keep the Mitzvot of the Torah, if anyone have been found keeping Mitzvot the Greeks would have kill him right away. But the Jewish didn't quit and continue with their everyday lives and whenever a Greek soldier came to check up on Jewish houses they hide all of the Sidurim and Jewish objects and pretend to be playing with the dreidels! And that is why in hanukka we play with dreidels 😊

We play with that toy in Hanukkah. It's called dreidel (In Hebrew-סביבון "sevivon")

The four letters - נ ג ה פ

They are the first letters for the sentence -נס גדול היה פה. In free translation it's says - a big miracle was here.

The dreidels in Israel it says "po" (here) with פ, but on dreidels not in Israel it's written with ש instead of פ. The ש is for 'Nes gadol haya *sham*' which means "a big miracle was there" and 'there'=Israel.

—

光明節還有一個傳統是大人會給小孩子光明節錢幣（Dmei Hanukkah），但不是像我們的農曆新年發紅包那樣，而是給銅板而已，有時候甚至用巧克力錢幣來代替真正的錢，我朋友說小小孩還更喜歡收到巧克力錢幣😅，也可以用送禮物來取代。

這個傳統的由來是因為當希臘士兵來突襲猶太人家時，小孩子正在玩陀螺，救了他們！因此大人會給小孩錢幣作為謝禮。

前幾天在逛猶太市場時，就看到照片中的猶太小男孩到處問店家以及路人，我竟然也被他用無辜的眼神問了，聽不懂整句希伯來語但大概可以猜他是說「可不可以給我一些錢 for Hanukkah？」

大部分的人都搖頭（因為其實通常是家裡的長輩給Hanukkah money，跟外人要滿奇怪的），我好奇的看著他挨家挨戶的去問（好可愛），剛好問到一家糖果店，這張照片是糖果店老闆正拿起一個巧克力錢幣搪塞他，而小男孩拒絕的moment。

1	3
2	
4	5

1.2.2018年光明節各城市裝置藝術（圖1為特拉維夫港口，圖2為海法German Colony）。3.在耶路撒冷市場小男孩向店家要光明節錢幣。
4.難得看到有"ש"的光明節陀螺。5.各式各樣的光明節陀螺Sevivon。

It calls 'Dmei Hanukkah' (it usually money but it can be a present too).

Kids are getting that to educate them for charity (although I don't think that any of the kids give his/her money for charity 😅)

And my grandma told me now that she once heard that we give it to kids since the kids played with the dreidels when the Greek soldiers came to Jewish house and by playing with the dreidels they save us! So that's why we give them money.

光明節甜甜圈 SUFGANIYOT ◇

2017.12.14

—

光明節還有一個非常重要的傳統，也是為什麼大部分以色列人都非常喜歡光明節的原因之一 — 那就是這個節日一定要吃的光明節甜甜圈（Sufganiyot）。

在光明節開始的前兩個禮拜，各個麵包店就會開始推出Sufganiyot！大家都稱它為中間沒有洞的甜甜圈，麵包吃起來像是甜甜圈，不過裡面會包不同的果醬，最經典也最常見的口味是草莓醬和巧克力醬，為什麼在光明節要吃Sufganiyot呢？因為Sufganiyot在製作時需要放非常多的油，所以猶太人在這個節日會藉由吃這個甜點來紀念光明節的奇蹟 — 聖殿中燃燒不盡的油！而Sufganiyot吃起來很甜（以色列人超愛吃甜食），所以不論大人、小孩都非常喜歡，常常會看到猶太媽媽在麵包店直接買一整盒的Sufganiyot回家，近年來，以色列網路上甚至有光明節甜甜圈的排行榜，各個麵包店都發揮巧思，推出五花八門的Sufganiyot，各種不同的口味與華麗的裝飾！例如以色列知名連鎖咖啡廳ROLADIN就是知名的華麗光明節甜甜圈烘焙坊，每一年光明節大家會大排長龍去買一兩個裝飾很漂亮的Sufganiyot，家家戶戶在晚上一起邊點蠟燭，邊唱光明節歌，邊吃光明節甜甜圈，為光明節增添更多繽紛色彩與歡快氣氛。

1.光明節期間傳統市場隨處可見賣光明節甜甜圈的攤販。 2.專程去買2019年光明節甜甜圈排行榜第一名FIKA Swedish Bakery。 3.每一年ROLADIN連鎖麵包店都會推出花俏精緻的光明節甜甜圈。

光明節的第八天，一起點滿最後一根蠟燭 ◇

2019.12.30

借宿特拉維夫朋友Yana家的今晚，Yana說：「今天是光明節的最後一天，我們要點蠟燭了，一起來吧！」

這時門鈴響起，他們的朋友提著一盒光明節甜甜圈來請大家吃，一起準備點蠟燭，Yana和她的室友們從廚房冰箱上、櫥櫃上拿出一座座光明節燭台，我們5人圍坐在三座光明節燭台前，室友Shay從左至右依序在燭台插上一根根細細的蠟燭，邊插的同時，她看著所剩不多的蠟燭，室友Shay：「我們的蠟燭會不會不夠？今天每一座要插9根…」

室友Ofry：「嗯…應該不夠…」

他們邊說邊繼續插蠟燭。

全部燭台插滿蠟燭後，Shay：「我們的蠟燭夠耶！而且剛剛好，甚至還多一根！」

接著大家站起來開始唱誦光明節的祝禱曲מעוז צור Maoz Tzur（我已經連續聽了8天，而且有時候一天聽到好幾遍……☹），這應該算是我最喜歡的節日祝禱歌，因為相較於其他嚴肅的節日，光明節是以歡慶輕快的方式歌唱著。唱歌的同時，他們遞給我蠟燭，邀請我負責點其中一座光明節燭台。

我們聚在燭光中隨意聊天、吃著Sufganiyot（光明節甜甜圈），朋友們說第八晚是他們最期待的一天，因為可以看到8+1根蠟燭都在燈台上燃燒著，是一種滿足。

這是一個關於「光」與「奇蹟」的節日，根據傳統，點燃的光明節燈台放到窗邊，將「光」分享出去，讓路過的人們都記得光明節的奇蹟。

「我們的蠟燭夠耶，剛剛好甚至還多一根！」

在耶路撒冷Hanukkah festival，工作人員邀請我一起點蠟燭。

看著燃燒中的蠟燭，室友Shay的這句話不斷迴盪在我耳邊…或許當年在聖殿中，猶太人也是這樣驚嘆著……

#一切所需
#都夠
#光明節奇蹟

—

附上這首Ma'oz Tzur的歌詞，光明節時大街小巷點蠟燭時都會聽到，甚至可以和猶太人一起唱。

歌詞	英文意思
Ma'oz Tzur	ROCK OF AGES
Ma'oz Tzur Yeshu'ati,	Rock of Ages let our song
lekha na'eh leshabe'ah.	Praise thy saving power
Tikon beit tefilati,	Thou amidst the raging foes
vesham toda nezabe'ah.	Was our sheltering tower.
Le'et takhin matbe'ah	Furious, they assailed us,
mitzar hamnabe'ah.	But thine armour veiled us.
Az egmor beshir mizmor	And thy word broke their sword
hanukat hamizbe'ah.	When our own strength failed us.

我的朋友又不吃不喝了？！◇

2017.12.28

—

昨晚大概9點到半夜1點我和朋友傳Whatsapp聊天，她告訴我她正在煮東西和找東西吃，她今晚要吃得很飽很飽，我問：「妳又要禁食了喔？明天是什麼特別的日子嗎？」她說：「沒錯！明天12月28日是Tenth of Tevet（第十齋戒日），我們Religious猶太人必須禁食一天。」

不過她告訴我這可以算是最微小的禁食日，因為只禁日升到日落，而且像是平常日一樣，照常上學，可以用電子產品。大部分的人（甚至許多Religious people）這天並不禁食，但我朋友的家庭很認真遵守各種大大小小的禁食日，因此對這些日子的規定一絲不苟。

他們在這天禁食是為了紀念這個傷心的日子 — 哀悼巴比倫的尼布甲尼撒二世（Nebuchadnezzar II of Babylonia）對耶路撒冷的圍困（這一天

是這個事件的開始），而最後導致所羅門聖殿（第一座聖殿）被摧毀，征服了猶大王國（今天的以色列中部）。

朋友更補充其他需要禁食的日子，猶太人一年當中有6天需要禁食：

1. Fast of Gedaliah 基大利禁食日
2. Yom Kippur 贖罪日
3. Fast of the tenth of Teveth 第十齋戒日
4. Fast of Esther 以斯帖禁食日
5. Fast of the 17th of Tammuz
6. Fast of Ninth of Av 聖殿被毀日

原因：

1. Gadaliah was the man who was in charge of the Jews after the first Temple was destroyed and his murder ended the Jewish autonomy.基大利是在第一聖殿被毀後，由巴比倫王任命的以色列總督，他被謀殺後，結束了猶太人在以色列地區的短暫自治。
2. We ask from God (Hashem) to forgive all of our sins (this fast is not sad but we fast so we can be like angels). 這是一年一度很嚴肅神聖的贖罪日，我們會不吃不喝25個小時，在這一天祈求上帝赦免我們的罪（這個禁食並不是因為哀傷，我們禁食因為我們想如同天使一般聖潔）。
3. We are sad because of the siege of Jerusalem by Nebuchanezzar which caused the destruction of the first Temple.禁食是為了哀悼巴比倫的尼布甲尼撒二世對耶路撒冷的圍困，這一事件始於那一天，最終以所羅門聖殿的毀滅和猶大王國的征服而告終。

4. This fast is a day before Purim. Queen Esther asked the Jews to fast because the whole Jewish nation condemned to death. (But it didn't happened at the end and that's why we celebrate Purim holiday). 我們在普珥節前一天禁食，以斯帖皇后要求所有猶太人在這一天都禁食，因為整個猶太民族被判了死刑（不過最後奇蹟似地我們存活了下來，這也是為什麼我們隔天會歡慶普珥節）。
5. It is the day of the breach of the walls of Jerusalem before the destruction of the Second Temple. 在第二聖殿被毀之前，這是耶路撒冷城牆被破壞的日子。
6. Few bad things happened that day but the two main things is the destruction of the First and the Second Temples (not in the same year). 這一天是猶太曆中最悲傷的日子，不少傷心的事都發生在這一天，不過最重大的悲傷事件莫過於第一第二聖殿被毀。在聖殿被毀日，需要禁食（不吃不喝），禁止洗澡，禁止使用電子產品，禁止任何令人快樂的活動。並且猶太人會在猶太會堂誦讀哀悼耶路撒冷毀滅的《耶利米哀歌》。

朋友說其中1,3,4,5被視為小的禁食日（從清晨才開始禁食到太陽下山，並且可以用電子產品）。我很驚訝他們竟然一年當中要禁食這麼多天，而且連水都不能喝！怎麼受得了！但朋友卻說：「我們從小就和父母一起遵守禁食，這對我們來講已經習慣了，不會很難，而且適當的禁食對身體是好的！」

耶路撒冷的聖誕節一定很盛大吧？ ◇

2017.12.28

—

很多人聽到我住耶路撒冷 — 基督徒必去的朝聖地，會很好奇：「耶路撒冷的聖誕節一定很盛大吧?」

「沒有。」我答。

完全沒有，因為猶太教不相信耶穌，他們還在等待彌賽亞，所以他們並不慶祝所謂的聖誕節。

2017年平安夜前夕，我到猶太教朋友Vered家過安息日，晚餐時間她的姊姊問我有沒有宗教信仰？台灣最主要的宗教是什麼？其實這是我一直滿害怕被問到的問題，因為我曾聽朋友的經歷 — 原本和猶太路人的小孩玩得很開心，但當她提到她是基督徒後，那位猶太路人立刻把小孩抱走，不讓他們繼續玩。因為在歷史上基督徒打著宗教的名義對猶太人造成了不小傷害（猶太大屠殺的起源），尤其年長的猶太人（經歷過集中營）會對基督教反感甚至是感到恐懼（自從知道這件事後，我到以色列絕對不會帶著十字架的項鍊，因為十字架對部分猶太人是很深的傷痕）。因此當我被問到這個問題時，我三番兩次地閃避話題，避免正面回答，但或許宗教信仰對他們家人而言很重要，所以那位姊姊真的很好奇，一直追問我，後來她問我是不是不方便或不喜歡討論宗教？如果是的話也不用勉強回答。我心想：我不以基督教為恥，我只是怕你們不感到不舒服而已……，因此我說：「也沒有什麼不能說的，我是基督徒。」

他們睜大眼睛發出「喔~~！」的聲音，我問：「所以現在……你們要開始討厭我了嗎？」

六個姊妹們大笑：「Ma pitom?（Are you kidding me?）怎麼可能？很好啊！」

我才放心地告訴她們我的顧慮，她們告訴我：「我們接受每個人有不同的宗教信仰，我們不會因此討厭誰，尤其在經歷大屠殺後，我們更懂得包容不同種族、不同信仰、不同文化的重要性。」

飯後，我們坐在沙發上，六個姊妹問我：「妳是基督徒那妳可以告訴我們聖誕節的由來嗎？聖誕節的故事、聖誕老人、聖誕禮物、聖誕樹……」

她們炯炯有神期待聽我說聖誕節的故事，但我一臉超級尷尬，

我：「呃……可是…我不知道我能不能說……」

她們：「你可以說任何你要說的啊！沒有什麼不能說！」

我：「可是…我怕我會冒犯你們……」

她們：「不會啊！我們應該知道這個世界發生的事啊！而且我們也不會因為妳告訴我們聖誕節的故事就改變我們的信仰。」

再三確定我不會被踢出他們家門後，我才放心開講聖誕節的故事及各樣習俗的由來。

「聖誕節是為了慶祝耶穌的誕生，雖然後來發現其實這個日期是異教的神的節日，耶穌確切出生的日期沒有記載在聖經上所以不知道，但不論如何，我們今天慶祝聖誕節是紀念耶穌的降生。而耶穌是上帝給世人的禮物，所以在這天我們有贈送聖誕禮物的傳統。」

她們：「哇~~~這個典故好美！」

又講了小朋友在平安夜會做哪些準備來迎接聖誕老公公，倒牛奶、準備餅乾、聖誕襪、聖誕老公公會從煙囪下來發禮物……

我：「但教會不太喜歡跟小孩說這些，因為這樣會模糊聖誕節的焦點，讓小孩以為聖誕節是聖誕老公公的節日，而忘記它真正的由來。」

之後我分享小時候寫信給聖誕老公公要禮物及如何發現聖誕老公公不對勁的趣事……

她們用好奇、新奇、有趣、好聽的眼神聽完並謝謝我告訴她們，因為在她們的生活圈及所接觸的人事物中，都沒有機會知道這些。

1.2018年雅法老城聖誕樹　2.2017年耶路撒冷舊城新門基督徒區聖誕布置。3.2018年拿撒勒聖誕樹 — 全中東最高的聖誕樹

雖然今年聖誕節冷冷清清，沒有聽到任何一首聖誕歌曲，但是我在以色列／安息日／猶太教朋友家分享著聖誕節由來，這是讓我感到最有意義的一年聖誕。

連嚴肅猶太人都瘋狂的普珥節

PURIM SAMEACH! פורים שמח! ◇

2017.12.28

—

如果你問以色列朋友他們最喜歡的猶太節日是哪個？百分之八十都會跟你說：「Purim！（普珥節）」

普珥節這個節日的由來是源自於舊約聖經的《以斯帖記》，為了紀念猶太族王后以斯帖將流落波斯帝國的猶太人從大臣哈曼的手中拯救出來的事蹟。

Pur（פור）是籤的意思，原本波斯帝國的大臣哈曼打算殺死國內所有的猶太人，抽籤決定在亞達月行動，但猶太人末底改和他的養女 — 以斯帖王后阻止了他的計畫，並說服國王處死哈曼及其家人。猶太人為了慶祝這個勝利，創立了普珥節，在猶太曆亞達月的第十四日及十五日（有被城牆保護的以色列城市，如：耶路撒冷，主要在第十五日慶祝）。

我的猶太教朋友告訴我，在普珥節時他們會去猶太會堂朗誦《以斯帖記》，在讀到「哈曼」這個名字的時候，必須發出很大的噪音來蓋過這個惡人的名字，因此普珥節還有一個特別用來發出噪音的噪音器 — gregor！（我有買gregor，真的很吵……）

普珥節前幾週開始，麵包店會陸陸續續出現一種三角形的餅乾Oznei Haman（哈曼的耳朵），中間有著不同口味的果醬／巧克力，是普珥節的特色點心（只有這段期間吃得到）。普珥節還有一個習俗是要喝酒，猶太人在許多開心的節日都會喝酒，但猶太律法教導每件事都要合乎中道，尤其是喝酒要節制，唯有在普珥節這一天例外，猶太人被教導要酒醉到「無法分辨（哈曼與末底改）」（ad d'lo ya'da）！因為酒會讓人卸下心防，在普珥節這天人們會戴上面具喬裝打扮，而喝酒是象徵摘除心中的顧忌。如同人們經常在生活中戴上假面具來掩飾自己，避免真實情感的流露。而在普珥節卻被要求藉由喝酒卸下防衛感，碰觸自己的內心深處，感受真實的快樂。

2018年趁著寒假，我飛回台灣過農曆年，又趕在普珥節當天從台灣飛回以色列，為的就是不要錯過這個大人小孩都超愛的節日！

清晨5點多抵達以色列，我也不管時不時差，丟下行李馬上抓著相機衝到街上去看來來往往的人們！

有所耳聞這是一個大人小孩皆瘋狂裝扮的節日，然而所有的知識傳聞都不如親眼一見、親身體會。

普珥節最典型的裝扮是故事裡的人物角色，如：亞哈隨魯王、以斯帖皇后、末底改或哈曼。走在耶路撒冷街頭看到好幾位小國王、小皇后、也有全家人都是國王皇后的！服裝很講究十分用心！我發現會乖乖裝扮成國王皇后的幾乎都是Religious猶太人，這種感覺很特別，能看到一年四季都有嚴格服飾規定的他們，在今天也有別出心裁的裝扮！

接著走到市中心，陸陸續續看到奇裝異服的人們，宛如國外的萬聖節一般五花八門的喬裝打扮，不過扮的不是鬼怪、巫婆，而是快樂正面的角色裝扮。真的不論大人、小孩、甚至是老人都一起變裝歡慶普珥節！

平常嚴謹的耶路撒冷城，在這一天繽紛了起來。我作為一個外國人，拿著相機穿梭在音樂與嬉鬧聲裡，拍下他們的裝扮與快樂。同一條街我來回走4、5趟，靜態的景物都沒有變，卻動態得那麼精彩。

我在一間賣節日裝扮的店前面徘徊了一陣子，猶豫到底要不要進去買一個東西來穿戴，猶豫的點在於這樣會很不像平常很ㄍㄧㄥ的我。躊躇幾分鐘後，決定丟下自己對自己的標籤與別人眼中可能定型的自己，衝進去，還買了一頂大爆炸頭馬上戴上，加入市中心瘋狂歡慶的行列。

我沒想過我會和他們一起玩一起嗨，在這個瞬間卻似乎融入了他們。有裝扮的華人不多，從觀者的身分突然也變為被觀者，路人問我從哪裡來？很開心來自遙遠的我也參與其中，和他們一同慶祝他們的節日。

人們熱情地稱讚、合照、交談、微笑，認同別人的同時，你也被認同了。

常常在想，為什麼我這麼享受在那裡人生地不熟的生活？

我想，不用活出別人眼中的自己是其中一個重要因素，而且因此能有更多意想不到的經歷感受。

我還是同一個我，只是有更多不一樣的面向，與新的經驗元素所構成。

普珥節快樂 Purim Sameach! פורים שמח!!

פיצוחי דני

משטרה
Police

1	3
	2

1.2.普珥節的點心「哈曼的耳朵」אוזני המן （oznei Haman）。
3.耶路撒冷市中心賣普珥節裝扮的店

逾越節 — 我去別人家一起團圓？SEDER PESACH ◇

2018.03.30

—

從2016年底開始學希伯來文，課本上出現關於Passover逾越節的情境對話開始，我就對這個節日充滿興趣和期待，非常期待能夠在以色列體驗這個重大節日，學校放一個禮拜的逾越節假期，因此媽媽和妹妹也在這個時候來以色列找我。

前幾天在台灣學中文的以色列朋友Yifat問我有沒有興趣去她家過逾越節晚餐（Seder Pesach），我說在當地人家裡過節日是我期待已久的，不過因為我的媽媽和妹妹來以色列找我玩，所以不論我去哪裡都得帶著媽媽和妹妹，怕人太多會不方便、不好意思。沒想到Yifat的媽媽卻說逾越節晚餐就是要熱熱鬧鬧的，不僅歡迎家人的朋友，更歡迎朋友的家人，一同紀念並慶祝。因此我就帶著我的家眷參加😁。

重點來了，邀請我的朋友Yifat人在台灣學中文！所以她請她表妹的爸爸來接我們😂，我們先去她的表妹家後，再開將近40分鐘的車，去我朋友的父母家（舉行逾越節晚餐的地方）。

非常龐大的家庭，一起晚餐的親戚共有54個人左右！（即使對於當地人而言，都是非常龐大的陣仗），而所有的親戚都超級友善，看到3個莫名其妙出現的華人（顯然不是他們的親戚🙃）都親切的招呼，挪去我們的尷尬不自在。甚至有從美國回歸的親戚自告奮勇成為我們的即時口譯！

每個人桌上不僅擺著手繪姓名卡，還有一本要誦讀的逾越節猶太文本〈Haggadah〉（其中記載了以色列人出埃及的故事，以及逾越節要遵守的禮儀），每位家族成員輪流讀，講述著逾越節由來：這是為了紀念以色列人在埃及當奴隸時，上帝要擊殺埃及人（長子和一切頭生的），卻跳過以色列人，因此叫做Passover。

他們不是Religious的家庭，沒那麼恪守規範，但仍然守著傳統，有著逾越節晚餐前的儀式。而他們並非將〈Haggadah〉一路誦讀到底，更是發揮創意，添加許多有趣的橋段，使得逾越節出埃及的故事更加深刻。

而這一天也是慶祝豐收的季節，所以這個家庭的所有小朋友會去拿初熟的麥穗給大人（象徵將頭生的獻祭給神，但用麥穗來替代動物）。再一段讀經後，全部小朋友們（長子）要用一塊布包著無酵餅綁在身上，手上拿著的杖，形成一個隊伍從院子走進家裡，扮演當時的以色列人，重演一段關於以色列人出埃及的故事——

小朋友進到家裡時，所有大人會問：「你們是誰？」

答：「son of Israel！」

問：「你們要去哪裡？」

答：「耶路撒冷！」

接著大家開始唱歌。

晚餐中還有一個有趣的橋段是每個人都要用頭去撞一聲牆壁，才可以拿到一顆水煮蛋吃（象徵以色列人在埃及時必須很辛苦才能有東西吃），就連93歲的曾祖母也不例外，她第一個用頭去「叩」一聲牆壁！😆

Yifat的爸爸說，一般而言在逾越節晚餐是父母告訴孩子過去的故事，但是在他們家卻顛覆這個傳統，取而代之的是由孩子在眾人面前對父母表達謝意，這個場面很感動又溫馨，而有些長輩的父母已離世，所以他們念一封給父母的信，氣氛令人動容，更使後輩珍惜還來得及表達的時候。

即便我們全是初次見面，甚至我的朋友還不在這裡，和這個大家庭卻不會感到格格不入，所有的親戚都好熱情又和樂融融，第二代和第三代可以鬧在一起，平輩間表親戚也有如親兄弟般親近，婆婆摟著媳婦和我們介紹這是她的daughter in law。

好多人都事前提醒我們逾越節晚餐儀式非常非常冗長，要花很多時間做這些儀式後才能開始吃飯（的確，我們7:30入座，9:30才開始吃🙃 而且他們說這已經是最精簡版中的精簡版了😆）

男主人（朋友的爸爸）也跟我們說雖然每年的Passover事前要花很多時間心力來準備，但他仍舊每年都很期待且會將這個傳統持續下去。或許，在年紀小的時候會覺得每年都重複一樣的事很冗長很無聊，但這會讓他的孩子記得他們的過去並延續這個傳統，等到年紀大時會發現這是一種滿足。

我的Religious猶太教朋友更告訴我關於Passover在希伯來文裡的奧妙：

> Passover - פסח (pesakh)
>
> 而פסח又可以拆成פה שח (peh) (sakh)
>
> 意思是Mouth talking
>
> About what?
>
> About the miracles that happened!
>
> 因此在逾越節時人們會不斷講述這個神蹟，並繼續傳下去。
>
> 在這裡，我看到回到團圓的初衷和價值。

到朋友家過盛大的逾越節。

1.逾越節晚餐會準備的紅酒、水煮蛋、苦菜、無酵餅、Haggadah等。
2.3.孩子們模擬以色列人出埃及的故事。
4.逾越節常見的一道菜Knedalach 5.逾越節要讀的冊子Haggadah。

ANN

קדש
KADEISH
BARUCH
ברוך

逾越節時的哭牆 ◇

PASSOVER IN WESTERN WALL。

PASSOVER IN WESTERN WALL。

陣亡將士紀念日——哭牆
YOM HAZIKARON - WESTERN WALL ◇

2018.04.17

—

今年2018.04.18是以色列建國70週年，而在以色列獨立紀念日（國慶日）的前一天卻是十分沈重傷痛的Yom Hazikaron陣亡將士紀念日（又稱為國殤日），紀念以色列建國時罹難的將士、IDF國防軍、安全人員，以及建國以來為國捐軀的士兵。

原本我不知道今天在哭牆會舉行這樣莊嚴的儀式，只是上午來舊城隨意晃晃時看到哭牆怎麼排滿了椅子，並且不同以往的限制遊客進入哭牆禱告。好奇之下發訊息問猶太朋友：「今天是不是什麼特別的日子？感覺哭牆晚上好像會有什麼特別的活動！」朋友告訴我晚上六點會舉行一年一度的陣亡將士紀念儀式，得知有這樣的活動後，我當然不想錯過，興沖沖準時六點進到哭牆等待典禮開始（殊不知我的朋友跟我講錯時間，典禮是晚上八點才開始，我就這樣站在那裡等了兩個小時……），等待的時間看到好多陸海空的軍官和軍人。（平常在路上最常見的是綠色制服的陸軍，偶爾會看到淺褐色制服的空軍，白色制服的海軍則是很難得看到的！）也有許多Religious猶太教女性和我一起等待典禮開始，Religious女性可以不入伍當兵（他們可以選擇做替代役，甚至有些更Religious的教派是不需要服役的），她們拿出她們

Religious女生拿祈禱書祈禱。

小小的祈禱書，開始為軍人們祈禱，為以色列祝福。

19:30儀式準備開始，全體起立降半旗。

20:00一到，全國警笛鳴起一分鐘，這時所有人真的是停下所有的動作，包括路上行駛的車子都停下來，肅立為罹難的士兵默哀（據說電視娛樂

節目也會暫停）。氣氛非常嚴肅凝重，沒有人在這時候會嬉笑，因為從70年前到現在，人人皆須服兵役，每個城市、社區中，你所認識的人當中都可能有一位士兵為國捐軀，犧牲自己的生命，為了現在的以色列。

點起蠟燭後就是以色列總統、軍官的致詞及猶太拉比為大眾作的禱告。

致詞非常的長，全是希伯來文配上希伯來文字幕，我在當中鴨子聽雷什麼都聽不懂，默默地東張西望觀察起大家的神情。放眼望去，就只有我一個東方面孔，站在猶太人群裡。我身後竟然圍著一群爬上欄杆跨坐、戴著Kippah的猶太小男生（大約7到13歲不等），我很意外，意外的是他們專注的神情，對於這樣沈重、不得大聲喧嘩的場合有著極高的參與度，尤其當我偷聽到他們和路人借手機打給爸媽說會晚點回家，才知道竟然是自發性的來觀禮。似乎明白了為什麼認識的以色列朋友當中，不少人都以為以色列當兵為榮，不感到厭煩或浪費時間，因為雖然十分危險，但是為了以色列的安全，為了更好的以色列，他們願意。

台上的人音調低沈，面色凝重的致詞，投影幕轉播台下眾人的臉龐，眼淚在眼眶裡打轉著，更有人直接摀住臉啜泣，心不禁也因這樣的氛圍沉了下來，彷彿這些罹難士兵也是我認識的家人朋友一般。投影幕上開始介紹幾位陣亡的士兵，他們不是赫赫有名的軍官，而是為以色列戰死的一位位軍人，令我最有感的是當投影片介紹罹難的年輕士兵，其中一位竟然才22歲，不就正是我這個年齡嗎？以色列人常常說「在以色列我們是一個大家庭」，對他們而言，失去一個人，便是失去家庭中的手足，每一個生命都極其寶貴。

我想起初到以色列的第一個禮拜，聽到airbnb的女房東當兵時也拿過槍，我驚呼：「wow！好酷喔！」她卻冷靜地說：「這並不酷，最理想的是這個世界上沒有戰爭，我們都不需要當兵，沒有人需要再拿起槍。」

典禮的尾聲，全體再次肅立，在建國70週年的前一天對著降一半的以色列國旗唱起以色列國歌〈希望〉。

17.4.2018

陣亡將士紀念日——赫茨爾山
YOM HAZIKARON - MOUNT HERZL ◇

2018.03.30

—

赫茨爾山 הר הרצל（Mount Herzl），又名「Har HaZiKaron」（"Mount of Remembrance"，希伯來語：הר הזכרון，意思是「紀念的山」，在這座山上有以色列的國家公墓和包括猶太大屠殺紀念館、赫茨爾紀念館在內的紀念館。

朋友告訴我4月18日的白天，仍然是陣亡將士紀念日（以色列的日子依照猶太曆的方式計算 —— 「一天」是從太陽下山開始，直到隔天太陽下山結束），在赫茨爾山會有一個很莊嚴的儀式，也是紀念陣亡將士的，特別提醒我要穿白色衣服去。

雖然前一晚在哭牆參與紀念儀式已經站得腳很瘦，但基於我不想錯過這些特別的日子，當天一大早（提前兩小時）又搭著輕軌從東耶路撒冷

（我家）前往耶路撒冷另一端的赫茨爾山。輕軌上竟然擠滿了一同前往致意的以色列人，我和每個人一樣都穿著白色上衣，路上的行人也多半身著白衣，以紀念這一天（我覺得全國的人在同一天自發性穿同色衣服來紀念的默契好美）。

到了赫茨爾山，門口有IDF以色列國防軍發著印有יזכור（remember）和紅花的藍色貼紙給每位入場的人貼在胸前，也理所當然地的發給我一本全希伯來文的禱詞小本本（我只能拿來做紀念😅）。

基本上儀式的流程和前一天晚上在哭牆的差不多，但是我覺得氛圍不太一樣，哭牆比較感性，而這裡則更加莊嚴。或許在哭牆前舉行的是希望為國捐軀的士兵們的靈魂藉由拉比的祝福被神所紀念（宗教面），而在赫茨爾山的儀式更是尊榮他們作為以色列士兵的身分為國家奉獻生命（國家面）。

典禮尾聲站一排的士兵們對著天空開了三槍（我被嚇到，因為我聽不懂司儀講的話，對於槍聲毫無心理準備），隨後大家唱起以色列國歌，而這次，我的身後站了滿滿的人潮以及IDF，被包圍在這莊嚴的群體共鳴中。

參加完紀念儀式，排隊等輕軌返程時，前面一位猶太教包著頭巾但講英文的婦人對旁邊年輕的IDF女兵誠懇的說："Thank you for serving."

以色列獨立紀念日 YOM HAATZMAUT ◇

2018.04.18

—

在以色列計算一天的開始是從太陽下山那刻開始算起，因此4月17日至4月18日的白天舉國還在陣亡將士紀念日的哀傷裡，一到4月18日的晚上氣氛急轉直上，開始狂歡，為的是慶祝Yom Haatzmaut以色列獨立紀念日（國慶日）。

我朋友說小時候她問媽媽為什麼不把這兩個極端情緒的節日分開一點呢？她媽媽回答：經歷了悲傷，所以帶來歡樂，因為陣亡將士們的犧牲才換來我們國家的獨立，這樣的安排不是更有意義嗎？

國慶日前一週開始，家家戶戶掛上國旗，汽車窗戶上也插著兩支國旗，街上更佈滿藍白大衛之星的旗幟。

到了這一天晚上，人們更是帶著國旗的頭巾，臉上彩繪著國旗（甚至看到國旗的指甲彩繪），小小孩拿著國旗圖案的充氣玩具滿街跑，青少年更是人手一罐白色泡沫spray，沿街噴灑節慶的氣氛。

我和我最要好的朋友Morya在特拉維夫旁邊城市拉馬干（Ramat Gan）看著典禮轉播，他們的show是將以色列的歷史 — 從無到有 — 從聖經上的應許，出埃及，經歷大屠殺，流亡各國的猶太人紛紛回到這塊土地開始建國…串成歌舞劇，而那些歌都是以色列人耳熟能詳的。我聽不懂他們所唱的，但卻美到好感動，那種美是經歷時間、淚水、血和淚所堆疊而成的，而他們紀念著、歌唱著。

主持人帶著台下的群眾倒數5、4、3、2、1，放煙火，氣氛就像是跨年，雖然台北101的煙火比這裡厲害太多了，但是吸引我的不是眾人目光所向的煙火，而是聚在這裡的人。我看到這裡大多都是一個個的家庭，不論小孩們多小、多多，全部帶出來一起慶祝，我享受看著爸爸們肩上坐著女兒，拉著她的手隨著音樂跳著舞；媽媽們也拉著孩子們的手一起跳舞一起玩。像是共同參與一個派對，不論是親子、朋友、鄰居，大家都在一起歡慶，因為我們慶祝的是同一個「家」，而每個人都是在其中的家人。

有一位媽媽背著小孩走到我旁邊問我從哪裡來？我說「台灣。」她問這裡國慶日的氣氛和你們國家的一樣嗎？我搖著頭說：「完全不一樣，這裡好像party！」她笑著說：「對啊，我們慶祝這一天就像party一樣，晚一點會更好玩呢！」

煙火，只是個開始，party得靠人與人營造出來。

我站在人群中間被這樣的氣氛愣得目瞪口呆，不斷反省著我是怎麼過台灣的國慶日……賺到一天的假，聽說總統府有閱兵升旗典禮，但年年我卻是睡到自然醒……。

我指著滿街的國旗跟Morya說：「你們真的很愛你們的國家欸！」

她笑笑的回答：「因為，我們只有這一個國家啊。」

隨後她給我聽一首以色列經典的歌曲 ── 〈I Have No Other Land〉（EIN LI ERETZ ACHERET）。

歌詞

“I have no other country even if my land is burning. Just a word in Hebrew pierces my veins, my soul, in a weak body, in a broken heart. This is my home. I will not stay silent because my country changed her face I will not give up reminding her And sing in her ears she will open her eyes.”

（即使我的土地在燃燒，我也沒有其他國家。希伯來語中只有一個字刺破了我的血管，刺穿了我脆弱的身體，傷透了我的心靈。這是我的家。我不會因為我的國家改變了她的容貌而保持沉默，我不會放棄提醒她並且在她的耳朵裡唱歌，她會睜開眼睛。）

和朋友Morya一起在Ratma Gan歡慶以色列**70**週年獨立紀念日。

以色列為了慶祝國慶日，用國旗盛大布置。

我好慶幸自己可以在這裡和以色列朋友一同慶祝以色列70週年，原以為是為一個國家的生日而狂歡，然而以色列人讓我明白她不只是一個國家，更是一個家。

耶路撒冷日 JERUSALEM DAY יום ירושלים ◇

2018.05.13

—

聽說今天是耶路撒冷日，但早上街上一如往常，看不出有什麼不一樣，我也不曉得會有什麼特別的活動，於是和平常一樣在星期日下午去上希伯來文課。

傍晚下課後我和平常一樣搭公車準備回家，沒想到當公車越來越接近市中心時，發現路上越來越多人披著國旗往市中心前進，一向對於他們的節日充滿興趣的我當然馬上下車，隨著人群的方向前進，看到一些猶太教徒站在一輛廂型車的車頂上瘋狂唱歌跳舞（他們是Religious猶太教徒的其中一派Breslev，我的Religious朋友稱Breslev教派為happy group，他們是主張快樂的猶太教派，特色是戴著很大的白色Kippah，經常在路上唱歌跳舞，甚至會開著這種廂型車，放很大聲的音樂在街上繞來繞去散播歡樂）。

再往前抵達Jaffa street，滿滿的遊行人潮，高舉以色列國旗（藍白大衛之星）、耶路撒冷旗（中間有耶路撒冷的市徽猶大獅），搭著肩唱歌跳舞，我在人群中拿起相機狂拍照，當地人看到我加入他們歡慶耶路撒冷節的行列，都很高興地打招呼，不時有遊行隊伍中熱情的女學生來問我：

“Where are you from?”

“Wow! Taiwan!”

“Welcome to Israel!!”

“Enjoy Israel!”

“Have a wonderful day!!”

或是要我用相機拍他們！並對鏡頭大喊：“I love Israel!!”

當然，大眾交通工具再度因為節日而停駛，所以我沒有車可以回家了，索性沿著遊行人潮的路線去一探究竟。從 Jaffa Street 穿過雅法門進到舊城，繞了一大圈以後，進到了 Western Wall （沒錯，所有大事都會在哭牆舉行，而我幾乎每次都參與了……）

來了哭牆幾十次，卻是我第一次看到如此水洩不通的人潮！快速鑽進人群中，周圍充滿各種形式的藍白旗幟（除了國旗、耶路撒冷旗，還有一些自製的標語旗幟），台上人的致詞我聽不懂，只聽得懂不斷高聲喊著

「我們的耶路撒冷！」（ירושלים שלנו），以及群眾情緒高昂的附和。

突然音樂響起，所有人不論認不認識彼此，圍成一群一群的圈圈，揮著旗、搭著肩、拉著手、跳著舞，大聲唱著歌（我不知道以色列到底有多少首家喻戶曉的歌謠，人人琅琅上口）一首接著一首，這樣的氣氛真的好！嗨！

參與了以色列的很多節日，知道他們對文化和國家的重視，但每一次經歷節日的氛圍，再度感受到濃厚的向心力時，沒有一次不羨慕、沒有一次不被感動。

他們珍惜國家，珍惜城市，珍惜家庭，也珍惜人。

我的以色列朋友常常告訴我：「在以色列，我們是一個大家庭。」（In Israel, we are a big family.）

מכבסת שלמה המלך
King Solomon Laundry

十二月的海法 HOLIDAYS IN HAIFA ◇

2018.12.24

聖誕節將至，但以色列人大部分都是猶太人，他們不過聖誕節的（因為猶太教認為耶穌不是彌賽亞救世主，所以這一天對他們而言是普通的一般日子），但我在台灣認識的以色列基督徒阿拉伯朋友Ghader說她要帶我去看以色列最有聖誕節氣氛的地方 — 海法的德國殖民地（German Colony in Haifa）。

前一天希伯來文老師Noy才大力推薦我海法的節日氣氛，她說海法是她每年十二月必定造訪的城市，我還在好奇究竟有多美，值得每一年都特地開車前往？沒想到隔天Ghader就開車帶我去！

以色列朋友們不約而同都說十二月的海法非常美也非常特別，為什麼呢？當我抵達燈光燦爛的German Colony時，我頓時明白了，這是一條長長的街道，前方矗立的主視覺是三大宗教的符號 — 大衛之星（猶太教）、月亮（伊斯蘭教）、聖誕樹（基督教），最遠處向上連接海法最著名的巴哈伊教花園，而兩側街道餐廳充滿各式各樣別出心裁的聖誕布置，舉凡你能想到的聖誕節麋鹿、聖誕老公公、紅白相間拐杖、雪人、聖誕紅等等裝飾都能在這裡看到，而且爭奇鬥豔著。路上還會出現光明節陀螺和光明節燈台的裝置藝術。一般想到這三種宗教都覺得會有些衝突並且不相接納，但為什麼海法會有這麼特別的宗教融合景象呢？因為猶太教的光明節根據猶太曆法大約每年都落在12月；基督教的聖誕節不用說，固定每年12月25日；而25年前伊斯蘭教的齋戒月（Ramadan）根據回曆也正好落在12月！因此當時以色列的文化中心藉此突發奇想，以這難得的12月做為三大宗教節慶的節日（Holiday of Holidays），藉此讓不同宗教的信徒們彼此有機會多認識並理解不同的宗教信仰，這項美麗的傳統也一直延續到現在，尤其每逢假日人潮會蜂擁而至狂歡慶祝，而海法也被以色列人認為是族群融合最美好、最包容的城市。

密密麻麻的聖誕燈在寒冷又陰雨的夜晚點亮整條街道，我幾乎難以相信我現在身在以色列！目不轉睛地讚歎每一間餐廳的布置（真的很用心，從裡到外都精心設計過，而且每一間都不一樣！），捨不得放下相機，Ghader得意地用中文問我：「很美對吧！是不是好像在歐洲？」

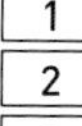

1.German Colony 主視覺三大宗教符號（大衛之星、月亮、十字架聖誕樹）。
2.巴哈伊教花園下方的燈飾（月亮、光明節燈台、聖誕樹）。
3.海法巴哈伊教花園。

是啊，即使在自由奔放的特拉維夫也幾乎不見聖誕氣息。三大宗教符號的同時出現是一大亮點，或許我們已經很習慣台灣的宗教自由和多元，但在以色列每一個宗教符號的意義都格外深刻和有份量，這樣並列矗立的景象更是難能可貴。

今晚是平安夜，或許，這是許多人心裡和平的願望。

1.German Colony 2018年街道布置。
2.兩側餐廳的聖誕布置。

兩側餐廳的聖誕布置。

2019 十二月再度拜訪海法 ◇

2017, 2018, 2019……

連續三年的12月，

都在以色列過。

每年十二月，以色列北部城市海法是出了名的美麗。難得一見的聖誕布置集中在這裡大放異彩，許多遊客特地前來感受節日氣氛（聖誕節與光明節），而最被人稱許的便是這個三大宗教緊鄰共存的畫面。

去年第一次我來這裡看新奇、看熱鬧、看漂亮；

今年同一時間我再來這裡，街道店家的裝飾變化不大，所看的卻是放心，

都和平，就好。

Chapter 5
邂逅・擁抱

首先，我們一樣都是人 FIRST, WE ARE ALL HUMAN ◇

2017.10.17

趁著開學前的最後一個禮拜，我打算多跑一些景點，不確定開學後還有沒有這麼多自由的時間到處旅行走走看看。

去過幾個大城市後，我想來點不一樣的……於是「伯利恆」三個字浮現在我腦海，這是多麼重要又著名的地點吶！不論是不是基督徒，幾乎大家在聖誕節都聽過耶穌降生在伯利恆馬槽的故事吧！伯利恆絕對是在以色列必去的朝聖地。

當我下定決心後，開始上網查資料，發現伯利恆雖然距離我所在的耶路撒冷很近，但是隸屬於巴勒斯坦自治區，不屬於以色列的管轄範圍。可以在大馬士革門前的阿拉伯公車總站搭231或234公車抵達伯利恆（建議搭231公車，因為231公車在去程時不會經過檢查哨，比較方便一點）。確認好交通後，我想，去這麼偉大的地方不待個兩三天就太可惜了吧？一定有很多特別的景物可以好好觀賞，於是馬上開始找Airbnb住宿！我發現在Airbnb網站伯利恆的住宿有許多房東都標榜他們是基督徒家庭，這讓我頗驚訝，因為我目前所遇到的當地人，不是猶太教徒，就是穆斯林，不然就是無神論者，幾乎不可能是基督徒（又稱為彌賽亞信徒）。基於好奇心，加上第一次去巴勒斯坦，不太了解那裡的風土民情，我想選同是基督徒的家庭住宿，應該放心些。

一切準備就緒，我每一位朋友得知我要自己一個人去伯利恆時，都十分緊張擔心——

「妳跟誰一起去？妳要自己一個人去？！我在以色列待這麼久從來不敢自己一個人去巴勒斯坦！」在以色列待幾年的台灣人鄰居說。

"OHHHH!! You are crazy! It's dangerous! We can't go there…"

“I suggest you go with a tourist group...”

“Not alone!!”

以色列猶太朋友們說。

“It's behind the green line! You must have a company.”

“I'm worrying about you...”

以色列阿拉伯朋友說。

縱然如此，我還是自己拉著行李搭著公車來這裡三天兩夜。

伯利恆，距離耶路撒冷約莫40分鐘的車程，屬於巴勒斯坦自治區，經過以巴圍牆，下車的那刻，馬上感受到完全不同的氛圍。

所有乘客在終點站Beit Jala下車，沒有車站，就是停在一個大馬路邊。

街上滿是五官深邃包著頭巾的阿拉伯女子，終點站前排滿了巴勒斯坦車牌的淺黃色計程車，計程車司機們不斷吆喝，人們說著我完全聽不懂的阿拉伯語（希伯來文還可以勉強聽懂一些字）。我不敢亂搭計程車（怕天價），看著 Google Map 指引到Airbnb的路線，拖著小行李箱，背著相機，穿越當地阿拉伯市場，在大太陽底下步行了快兩個小時，人們像是看到稀有種似地盯著我這個東方面孔。

1.其實巴勒斯坦的物價很低，幾乎是以色列的一半，搭計程車只要在上車前和司機講好價錢基本上沒什麼問題。

2.以色列的電信公司到巴勒斯坦不太有訊號，所以沿路用Google地圖步行算是冒險的，搭計程車會比較安全且方便。

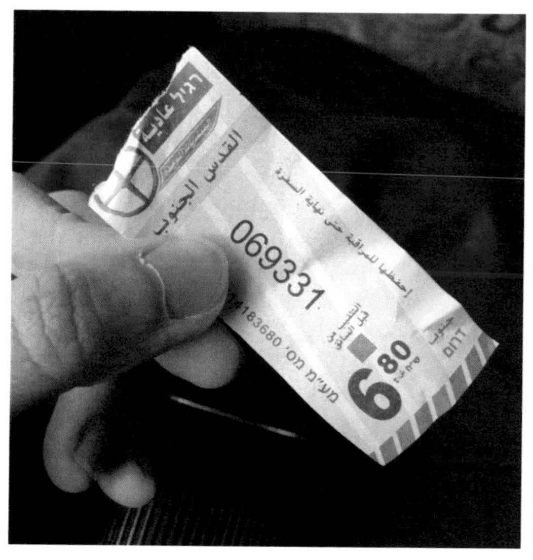

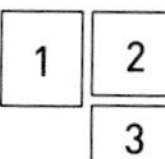

1.阿拉伯公車票。阿拉伯公車要上車買票，無法使用一般交通卡Rav-Kav。

2.3.巴勒斯坦自治區的計程車。圖2為8人座共乘計程車（深黃色），價錢固定（較便宜），有固定路線，坐滿人才出發。圖3為一般的計程車（淺黃色），非跳表制，上車前先和司機講好價錢。

有鑑於行前朋友們的耳提面命，使得我也緊張兮兮的快速穿梭在街道裡。

到伯利恆幾個小時過後，我已經敢走進沒有人的小巷子，獨自在城市的縫隙裡探險。我發現巴勒斯坦的人們對東方面孔十分友善，每個店家或拉客的計程車司機都親切又熱情地問我來自哪裡，即使沒有買東西也會小聊一下並告訴我伯利恆可以去哪些景點走走看看，或是把我拉進店裡請我喝一小杯阿拉伯咖啡……

這是一個處境複雜的地區，短短幾天卻可以感受到以巴緊張的關係。隔天早上，Airbnb女主人準備一桌巴勒斯坦早餐給住宿的客人們（和我同時間住在這間Airbnb的旅客有來自德國的年輕男生，來自美國的女生，以及我），女主人推薦我們一些伯利恆的景點，特別問我們有沒有去過圍牆？（當時完全不知道她在說什麼圍牆，也不知道為什麼圍牆有什麼好看的。）但是女主人卻不斷說服我們要去看一看，來自德國的年輕人附和：「我今天會再去一次，而且我也要在上面塗鴉！」女主人開始告訴我們以色列對巴勒斯坦多不好，巴勒斯坦的人民受到多不公平的對待。而我默默不語，我知道在這個緊張又複雜的環境與局勢下，不是當事人（以色列居民、巴勒斯坦居民）沒有辦法體會他們的感受，即便是當事人也無法明白事情的全面，每個人立足點不一樣看同件事的角度總會有所偏頗。餐桌上，我不參與他們的談話，默默地吃著我的pita，靜靜地聽，聽在以巴關係下，巴勒斯坦平民老百姓家庭的聲音。

阿拉伯民族，基督徒區，清真寺對面林立著教堂，東正教、天主教朝聖團一群接著一群，每天一到特定時間宣禮塔開始大聲播放著喚拜詞……

無論如何，如同我住的Airbnb男主人說的：

"First, we are all human."

以巴圍牆，巴勒斯坦側的塗鴉。

以巴圍牆，巴勒斯坦側的塗鴉。

以巴圍牆，巴勒斯坦側的塗鴉。

聖誕教堂 CHURCH OF THE NATIVITY ◇

2017.10.16

—

讓我特地來伯利恆的唯一原因就是為了參觀聖誕教堂（Church of the Nativity），親眼看看耶穌誕生的位置。

抵達Airbnb放下行李後，房東的兒子載我到伯利恆最重要的市中心——馬槽廣場（名字由來不意外的跟耶穌降生在馬槽有關），我在聖誕教堂前面徘徊了很久，將近10分鐘，困惑地繞了教堂一圈尋找大門在哪裡，最後問了旁邊店家才知道原來我眼前的小洞就是入口（只有120公分高）😅……這時我突然想起大二下的世界建築史課好像有同學報告過聖誕教堂，漸漸喚起了記憶，更尷尬的是…我突然想到那位分配到報告聖誕教堂的同學根本就是我本人！

既然如此我就來補充一下，聖誕教堂的小資料吧：

原址的首座聖誕教堂於327年由君士坦丁一世的母親海倫娜修建，於333年完成。但在529年撒瑪利亞起義的暴動中被破壞。現在看到的聖誕教堂於565年由查士丁尼一世下令修建。至耶路撒冷王國時代，在拜占庭皇帝協助下，十字軍對教堂進行了維修及加建。

位於伯利恆的聖誕教堂於1995年12月起交由巴勒斯坦管治，它在2012年被列入世界文化遺產，成為巴勒斯坦的第一座世界遺產！

整個教堂的外觀造型，看上去像一座中世紀的城堡，樸素無華，堅實牢固。教堂的唯一入口即是一米二高的小石洞，人們想進到教堂必須低頭拱背，因此這個門也被稱作「謙卑之門」（有人說是為了讓人們在耶穌誕生之地俯首謙卑，感到主的偉大和自己的渺小）。實際上，入口處原來是一扇高大的拱門，中世紀歐洲十字軍東征並佔領伯利恆和耶路撒冷後，為阻止穆斯林騎兵騎馬進入教堂，他們把聖誕教堂的大門用石塊嚴嚴實實地封閉了起來。後來，為了便於教徒出入，才又在密封的原門上劈出了這個小洞。

1

2

1.聖誕教堂一米二的石洞入口 — 謙卑之門，可以在門洞上方看到原本高大的拱門。
2.信徒彎腰進入教堂。

進到教堂後看到內部正在整修，不過還是可以看到教堂掛滿了聖母聖子的畫像、蠟燭、頭頂上掛著一盞盞小吊燈，參觀過不少教堂，但這個教堂和其他大教堂的感覺很不一樣，與其說是壯觀或金碧輝煌，我倒感覺是凌亂，應該跟教堂歷史有關，先後被羅馬人、波斯人、阿拉伯人、歐洲十字軍和土耳其人等佔領，目前由天主教、東正教、亞美尼亞教共同管理，所以可以看到不同教徒的足跡。

眼前擠了一團團朝聖人潮，我也莫名其妙變成隊伍中的一員，才發現原來我現在所在的隊伍是要前往地下室一窺耶穌誕生的位置（十四角銀星為標記），隊伍擠得水洩不通，幾乎快呼吸不到空氣，前進不得也退後不了，卡在人群中，連拍照我都不知道自己在拍什麼。（要來參觀的話一定要事前做好心理準備……）

1

2 3

1.天主教朝聖教徒親吻著聖母像。
2.3.水洩不通的排隊人潮，準備前往地下室。

被一路推著終於進到了地下室，義大利朝聖團一個接著一個簇擁著跪拜在十四角銀星祭壇前，又親吻又擦膏油，還流淚。

我只看到幾秒十四角銀星祭壇，就被推擠到人群外，但畢竟我也排了半小時才進來，才不要這麼快離開，所以我就站在旁邊看著瘋狂朝聖團一個接一個下跪、親吻、起身、擦淚……

再來一個教堂小補充：

教堂地底的這個地下室，名為 Grotto of the Nativity。

聖誕教堂內部伯利恆之星洞是聖誕教堂中最具宗教和歷史意義的部分。相傳耶穌當年就出生在這個長13米、寬3米的地下岩洞中的一個泥馬槽里。後來，泥馬槽被人用銀馬槽所替代，再往後，銀馬槽又被換成了一個大理石聖壇，紅白大理石圍成的半圓上面鑲嵌著一枚空心的14角伯利恆銀星以表示耶穌出生的具體位置，並鐫刻著拉丁文銘文：Hic De Virgine Maria Jesus Christus Natus Est（這是聖母瑪利亞誕下耶穌基督之地）。聖壇上空懸掛著15盞屬於基督教各派並在不同時間點燃的銀製油燈，晝夜不滅地映照著這塊狹小卻牽動10多億基督徒的神聖角落。層層的紅色與金色的布幕裝點著這座聖壇，呈現出亞美尼亞的風格。

1	2 / 3	6
4	5	

1.地下室洞穴門口上方的畫像 — 東方三博士穿著波斯人的服飾向嬰孩耶穌朝拜。
2.3.排了半小時終於到洞穴門口。
4.5.耶穌降生的位置 — 十四角銀星祭壇。
6.地下室的聖子耶穌畫像。

後記

2019年12月再訪伯利恆聖誕教堂。

1.每年聖誕節聖誕教堂前矗立高聳聖誕樹，吸引人潮。
2.聖誕教堂樸實的外觀。 3.2019年聖誕教堂內部整修好的樣子。

哭牆，令人哭泣的地方WESTERN WALL ◇

2017.11.17

哭牆，令人哭泣的地方。

來這裡不下十次了吧，但每隔一段時間還是會想再來一次。

我好喜歡坐在哭牆前的白色塑膠椅上靜靜地看著人 — 看著內心澎湃的各國信徒與這不改變不動搖的石牆間一動一靜的關係。

觀光客擠破頭將紙條塞進牆縫裡，指尖撫著石牆哭泣禱告；當地人面對牆捂面前後搖擺讀著經文流淚祈禱。

我享受坐在其中感受這奇妙的氛圍，不用擠上前去搶位置，因為神祂無所不在，人心的激動對比石牆的安定，無形無語的凝聚盤旋而升。

在這裡可以看到猶太教徒全家大小推著嬰兒車走向哭牆，穿著制服的宗教學校學生校外教學，每週一和週四偶遇猶太小男孩舉行盛大成年禮，戴著Kippah的年輕朋友們晚上結伴前來，IDF的宣誓典禮在此舉行，軍人在休息時間摸牆禱告後再回去繼續站崗，毛茸茸大帽子白色大鬍子的猶太老年人也還在哭牆讀經……

這裡是他們生活的一部分，不是「有需要」時才來「索取希望」，用生命直接體現信仰，而非用宗教切割生活……我想這是每次都能讓我停留這麼久的原因。

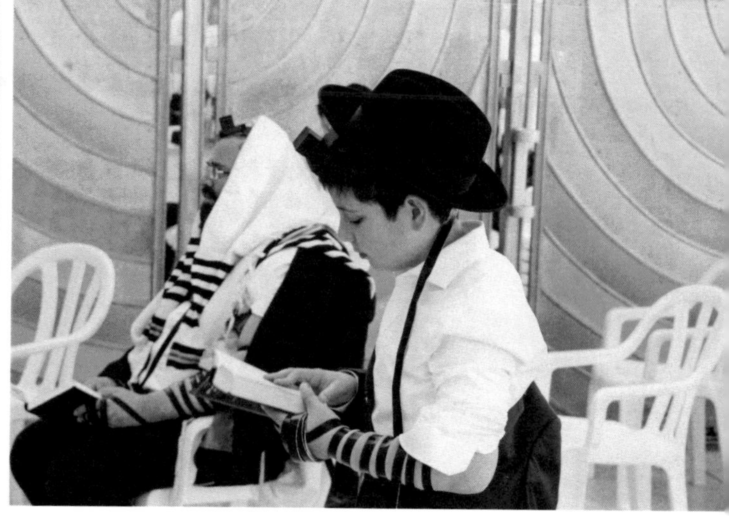

猶太男孩13歲成年禮（בר מצוה, Bar Mitzvah），樂隊歡慶前往哭牆區。

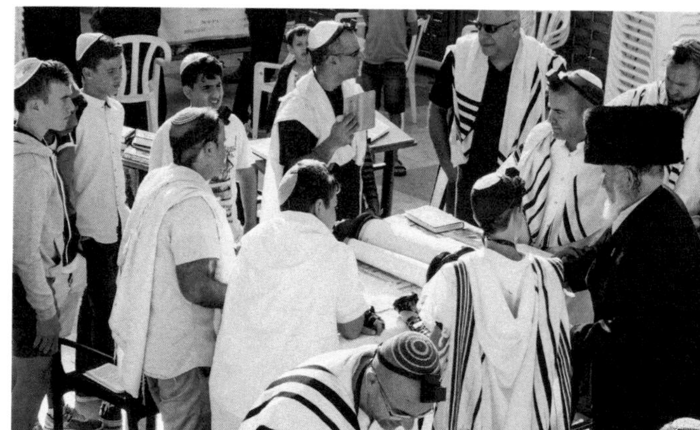

	1
2	4
3	

1.2.猶太男孩13歲成年禮上要與拉比一起引領群眾誦讀、吟唱妥拉（摩西五經）。
3.搬妥拉捲軸。4.妥拉捲軸。

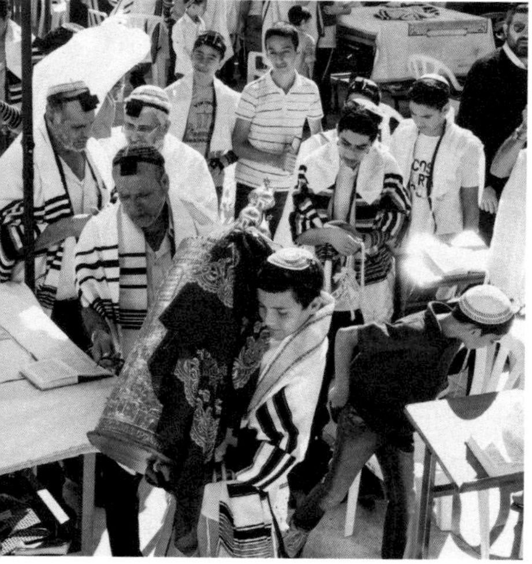

聖殿山 TEMPLE MOUNT הר הבית ◇

2018.01.15

—

「神說：你帶著你的兒子，就是你獨生的兒子，你所愛的以撒，往摩利亞地去，在我所要指示你的山上，把他獻為燔祭。」（創22：2）

這裡就是故事發生所在。

我很幸運在讀這段妥拉的那週，正好是面對著聖殿山，（妥拉=舊約聖經前面五書，猶太人每週都有固定的章節進度，一年剛好讀完一遍），也是讓我最有感動的一段。

聖殿山對猶太人而言雖然是最神聖的地方（顧名思義是第一、二聖殿的所在），之前約我的猶太朋友一起去，他們卻面有難色地推辭，因為聖殿都被拆毀了，現在是兩座清真寺 — 圓頂清真寺（金頂寺）及阿克薩清真寺，在這裡除了固定時間才能開放的外國觀光客外，全是穆斯林以及以色列警察，猶太人不太能上來，如果上來會有以色列警察在前後左右保護著，猶太人和基督徒不能在這裡讀經禱告（在口中murmur也不行），總之，禁止任何伊斯蘭教以外的宗教行為。而我的猶太朋友告訴我他們也不會想上聖殿山，因為他們的聖殿已經不在這裡了。

而這裡因為是三大宗教的聖地，最具爭議性，也是巴勒斯坦和以色列不斷爭奪主權的地方。

之前聽說來這裡要莊嚴一點不能太隨便（猶太朋友還一直耳提面命我要小心安全），不能穿無袖、短褲，尤其是女性，若不符合服儀規定，在入口處會被發一塊布遮住腿或膀臂。而在這裡的一舉一動都得特別謹慎，佈滿了警察四處觀察，有台灣朋友之前想撿一塊石頭，便立刻被制止，即使是蹲下來綁鞋帶都會引起警察注意。這是我第一次這麼靠近清

真寺，但是非穆斯林不得進入（阿拉伯朋友跟我說進入清真寺要看身分證），我只好透過人們進出時的門縫遠遠偷看。觀光客上聖殿山最主要的目的就是和金頂寺拍照，在我旁邊的外國觀光客和金頂寺合照時，比了俏皮的手勢（用手指要把金頂寺拎起來），馬上被警察制止，說不准比任何手勢！超級嚴格！真是氣氛好嚴肅莊重的地方啊。不過其實只要不做太奇怪的事，乖乖上去看一看、拍一些照片，是不會太危險。

雖然聖殿不復存在，矗立著兩座華麗壯觀的清真寺，但是亞伯拉罕對信心考驗的回應在這裡卻仍然如此地鮮明。

「可見信心是與他的行為並行，而且信心因著行為纔得成全。」
（雅各書2：22）

目睹清理哭牆紙條 CLEANING WESTERN WALL ◇

2018.03.20

—

今天去哭牆時看到一個非常難得一見的景象 — 正好目睹工作人員在清理牆縫裡的紙條（好難得😍！）

我記得2016年第一次來到哭牆時，最令人期待的「必做之事」就是寫一張禱告小紙條塞進哭牆裡，似乎塞進哭牆的願望是最容易被上帝看到並實現的，所以我也不例外地寫了一張小紙條，而牆縫早已被成千上萬的紙條們塞得緊密到不行，實在難以找到一個空隙可以塞，使勁塞進去時還會掉出兩三個別人的禱告（還得盡量幫他們再塞進去……）。

我靜靜坐在椅子上看著成千上萬的紙條被不停地被工作人員用木棍挖出來 — 真的超級超級多！挖不盡似的！

很多觀光客感嘆地說：「啊…我的禱告被丟掉了……」

不過身為基督徒，我們向神禱告的媒介是耶穌而非紙條吧😊，頓時領悟後，我日後也不和觀光客湊熱鬧去塞紙條了，畢竟上帝也不是住在牆壁裡。

我傳照片給猶太朋友分享我今天看到的特別景象，朋友說我很幸運遇到他們在清紙條，因為每年哭牆只會清理兩次，都是在要大掃除的大節日之前，一次是Rosh Hashana（9月的猶太新年），另一次則是現在逾越節（3、4月左右）。每次當他們要清理前，會先由哭牆的大拉比帶領12人左右的隊伍，舉行完淨身儀式後才開始用木棍將紙條小心的挖出來。然而這些被挖出來的紙條會去哪裡呢？「真的被燒掉丟掉嗎？」我問。朋友笑笑地告訴我這些紙條可是很珍貴的，當然會好好對待它們，不僅不能被破壞，上面的內容也是禁止閱讀的。（也是，和神說的話，怎麼可以輕易被丟掉呢？）這些紙條會被裝在袋子裡（聽說可以裝滿100個袋子），之後被埋在橄欖上的墓園裡。

哭牆塞滿紙條的牆縫。

耶路撒冷瞪羚谷GAZELLE VALLEY ◇

2019.12.05

—

今天特地搭公車到市中心我最愛的咖啡廳Cafe Nadi吃早餐，接著不知不覺走到附近的Ben Yehuda Street（耶路撒冷市中心主要的街道），其實我不知道今天要去哪，耶路撒冷大大小小的街道巷弄、新城舊城、甚至是橄欖山、聖殿山等等，我都已經走遍了……Ben Yehuda Street上停了一輛引人注目的桃紅色休旅車造型遊客詢問中心，我走上前請「車窗內」的志工給我一些建議，志工非常熱情地用流利的英文和我打招呼，問我對哪類型的景點比較有興趣？教堂、博物館、歷史人文還是自然景觀？我說我都有興趣，我需要多一點推薦景點。志工拿出一大張地圖，親切地圈出好多景點，並說明在該景點我可以看到什麼，但我的回應都是：「有，我去過這裡了。」志工再在地圖上多圈幾個點，殊不知我也都去過了。志工說：「哇…妳真的去了很多地方…我也不知道妳還可以去哪裡……」到後來我也有點不好意思，我接過地圖說：「謝謝妳的建議，妳真的很親切也很有耐心！我會再看看地圖上還有什麼景點，再研究一下，謝謝！」，當我跟她道謝完轉頭後，聽到車窗內其他志工驚訝地討論：「Wow! She knows everything!! 耶路撒冷全部地方都去遍了！」

我仔細看看地圖上還有哪些景點我還沒去過。終於找到一個叫做Gazelle Valley的景點，看起來是個自然生態公園，離耶路撒冷市中心不算遠，而且號稱可以看到瞪羚！（這是最吸引我的地方，我一直很想看瞪羚，之前朋友特地帶我去沙漠Ein Gedi也沒能看到。）

於是二話不說我就搭著公車前往Gazelle Valley。

車程約20-30分鐘，然而下車後，才是我頭疼的開始，這裡的路全部都因興建輕軌而被封起來，放眼望去整條馬路都在施工。明明地圖上距離下車站牌5分鐘近在眼前的Gazelle Valley，入口走道卻被封起來，我在原地徘徊了5分鐘，找不到任何可以走過去的路，問了好多路人，路人也一個接一個的幫我問其他路人，大家都不知道要怎麼跨越這個施工中的馬路……最後我往回走了20分鐘，繞了一大圈才抵達入口。邊走我心中邊不斷murmur：在這一大片工地我才不相信會有野生動物咧…但最好是讓我看到至少一隻，不然我白繞一大圈真的會很生氣喔。

終於到了Gazelle Valley園區門口，入口處的人員和我打招呼，我問：「喔？要買門票嗎？」

他說：「不不不，這是免費的，但是有幾件事提醒一下 — 我們裡面是禁止丟垃圾的，門口有很多垃圾桶，垃圾請帶出來丟，不要把垃圾遺留在動物們的自然生活環境；園區內圍起黃色線的地方請不要跨越，若看到動物們在黃色線外，也請保持距離……等。」

「沒問題！」我說。因為一個半小時後我還要趕去上希伯來文課，所以我問：「逛完一整圈大概要花多少時間？」

他：「45分鐘左右，但是妳可以坐下來慢慢欣賞慢慢看。我們打烊時間是17:00，只要在我們關門前離開就可以了。」

於是我看看手錶，決定在一個小時內逛完離開去趕公車。我確認園區路線後，用飛快的腳步決心要衝到最頂的瞪羚出沒區，然後折返。

一進到園區，看到一大片草地，以及一整片群聚在草地上休憩的鳥，集體低空飛到溪邊喝水，再集體飛回草地休息。牠們看起來很放鬆很自在，好像在家裡似的，這個景象讓我幾乎忘記這個自然生態公園是在大城市耶路撒冷裡面！

然而我抓緊時間，趕緊往「目的地」快走，發現沿途的風景幾乎沒有人為的破壞，只有少數幾張提供遊客休息的長凳及涼亭。我不到20分鐘就衝到了最頂點，沒有路可走了，但……我一隻瞪羚都沒看到啊…

有點失望地往回走，沮喪地覺得白跑一趟，一路上我只看到一堆草和溪流…回程的腳步隨著心情慢了下來，走著走著，一隻瞪羚跨越黃色線，就出現在我眼前！我小心翼翼地往前，拿出相機猛拍，牠低頭沿路吃著草，我的目光隨著牠的帶領移動到了一旁的山林區 — 那是我去程往前衝時沒注意到的兩側。我駐足在那裡，看著引領我的瞪羚悠哉地覓食著，又抬頭遠望整片山林，靜下心慢慢等，竟然出現了好幾隻跳躍的瞪羚！

我在那停留了十幾分鐘，非常興奮又喜悅地享受眼前意外的驚喜與這一刻只有瞪羚與我的寧靜，我們互不打擾，牠們卻似乎現身給予我安慰。

或許，這又再次提醒我這趟旅程的心情 — 選擇目的地後就緩下腳步，慢慢感受，欣賞過程中的風景。

#刻意尋找時難以尋得；#卻總是和最深刻的不期而遇。

P.S. 我的以色列朋友們大多都不知道這個景點呢！他們很驚訝這個畫面竟是在耶路撒冷！

阿卡小趣事AKKO ◇

• 不小心教外國人亂打招呼？！

2018.12.12☺

—

聽說阿卡（Akko）是一個以色列北部值得拜訪的小城市，去了以色列那麼多地方卻漏了這個景點。

12月再度回以色列時，決定獨自從以色列中部Modiin朋友家搭2個小時的火車前往北邊的阿卡！

這個古城之所以有名是因為它有五千多年的歷史，是世界上最古老的城市之一，更被UNESCO認定為世界遺產！這裡保有十字軍東征時留下的歷史痕跡，將觀光這塊做得很不錯，購買套票就可以一路逛到底（包含阿卡城堡：十字軍騎士大廳、聖殿騎士的隧道、民族文物博物館、土耳其澡堂等）。我特別推薦阿卡城堡，語音導覽器有中文解說，而且是連接Wifi的，完全不用按按鍵，走到相關定點就會自動開始解說！

但這篇我主要是想講一個小趣事，其他先不贅述。🙈

長著一張東方面孔又不跟團在以色列算是滿特別的，常常遇到路人有事沒事就搭個話。

我參觀完十字軍東征遺跡 — 聖殿騎士的隧道（這是十字軍聖殿騎士在蓋阿卡城堡時，一併蓋的逃生隧道），走出來時，站在出口處的工作人員很親切的跟我說：「你好👋」

我禮貌性地點點頭也說：「Hi」

他：「Where are you from? China？」

我：「Um⋯Taiwan.」

他：「Oh Taiwan! 」

他：「How to say 你好（Ni Hao）in your language?」

我：「Same.」

於是乎，我眼前這位大叔眼神誠摯雙手合十地跟我說：「Same! Same!」

我：😐（又好哭又好笑，傻眼地不知該如何反應😂）

#只好尷尬微笑same回去

#趕緊轉身逃跑

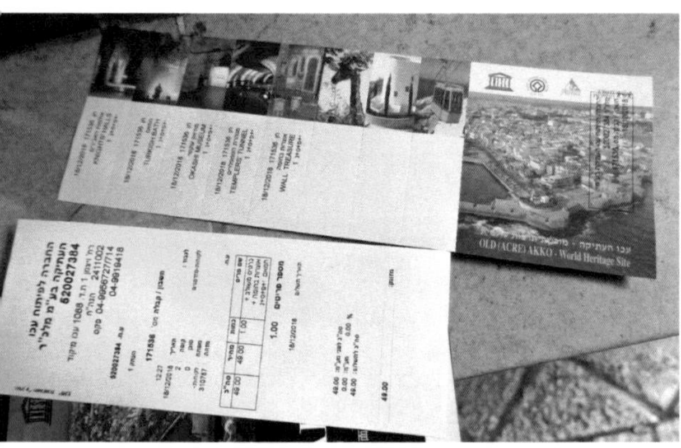

1.阿卡老城觀光套票。2.阿卡港口約拿書鯨魚。3.AlJazzar清真寺。4.阿卡城堡。

• 阿不然來拍照好了

在以色列尤其逛舊城時，路人經常看到我們華人面孔就開始説：「你好」、「謝謝」、「喔嗨唷」！

一開始到以色列時我都會開心又禮貌地打招呼回去，但漸漸地發現這是他們招攬生意的把戲之一，一旦你回應他，他就會把握機會用濃厚的中東腔接著説："Do you want to see my shop?"

你會因為客氣，所以去看看，再因為台灣人的不好意思拒絕，接著提了一堆東西回家。

如果你笑著對他搖搖頭，他會問："Where are you from? Oh Taiwan? Oh! I love Taiwan! Come, I show you something!" 然後你就又上鉤了！😂不論大人或小孩都會用這招做生意，所以後來我都裝臭臉，假裝什麼都聽不到，一直往前走。

不過我這篇要講的是這個可愛的小男孩，我在北邊的城市阿卡老城裡邊走邊晃，兩個阿拉伯小孩迎面走來，一直盯著我看，心裡想：「兩個小鬼頭又要賣東西或指路賺小費嗎？我才不吃這套！」馬上腳步加速往前快走，擦身而過後仍聽到他們窸窸窣窣用阿拉伯文在討論著什麼。突然這位小男孩跑過來點點我的手臂，很靦腆地用青澀的英文，指著他翻了好久的手機相簿認真問道："What is this? How to say this?"

靦腆的阿卡阿拉伯小男孩。

我看了看他的手機螢幕，上面是一個我根本看不懂的韓文…於是我只好尷尬地跟他説sorry I don't know……😅

他盯著我尷尬的抿嘴微笑，眼神疑惑為什麼我明明長得一副亞洲人的樣子卻看不懂亞洲人的字，我更是尷尬的看著他，懊惱自己怎麼不學學幾個韓文字……

2個人面面相覷之下，我：「嗯…啊不然來拍照好了！」

阿卡傳統市場。

錫安之友博物館 FRIENDS OF ZION MUSEUM ◇

曾聽朋友推薦位於耶路撒冷市中心新成立不久的錫安之友博物館（Friends of Zion Museum），從去年剛來以色列時就很想進去參觀，但因為這個博物館只提供團體導覽，每次經過趁著空檔想進去買票參觀，時間都搭不上，於是一拖再拖直到今天，下定決心不論如何，今天的目標就是一定要參觀到錫安之友博物館！！

到了售票櫃台，票務小姐親切地告訴我下一場英語導覽是13:40，到時再來買票就好了，她問：「那妳還會其他語言嗎？」，我：「中文。」她：「那我們的中文導覽是14:15，妳比較想參加哪一場呢？」

於是在市中心亂閒晃等了3小時，14:00，我再回博物館買票準備集合參

加中文版導覽。（買票送一個錫安之友的手環，票務小姐再多給我3個問我要不要送給朋友，還叫我趕快收好別被其他人看到🙃）

在集合點等了一會兒，一位工作人員走向我：「妳好，我是這場的導覽員，那請妳跟我一起往這裡走……」

我環顧四周：「欸？等一下……是只有我一個人的意思嗎？」

她：「是的，這場只有妳，所以這算是妳的私人導覽喔！（眨眼）」

我：😳

（簡單補充一下：錫安（ציון，/Zion/）指的是耶路撒冷附近的錫安山，也常被用來代稱「耶路撒冷」或「以色列」。錫安主義又稱為猶太復國主義，指的是支持並認同猶太人在以色列建立屬於猶太人的國家。）

這個錫安之友博物館的概念很明確，以科技影像的方式介紹與感謝許多幫助以色列復國的基督徒及英雄學者們。

我隨著導覽員搭電梯到3樓，從以色列的土地開始介紹起，但並非制式的地理教材。在我眼前是一個超長銀幕，空拍以色列壯觀的美景，同時地板上立體的以色列地形會隨著鏡頭一路標示出路線以及十二支派的分佈位置。

接著導覽員帶我進到一間小電影院（對，這個電影院只有我一個人😎），以動畫的方式放映聖經裡對這塊土地的應許。

下到2樓的展區是我感到最特別的，共有四座木雕佇立，每座木雕寫意地刻著學者的肖像，當我站在木雕前聽故事時，頭頂上的投影同時打在這座木雕上，像是著色般，又結合語音的故事內容將情境用寫實動畫具象化。

之後導覽員又帶我進到一間小電影院，和上一間幾乎一模一樣，唯一不同處是這裡的銀幕竟然是凹凸不平，如木雕般不規則的隆起，導覽員說這是因為等一下要播放的是猶太大屠殺時期幫助猶太人存活的人們的影片，這樣的設計用意在說明這段期間有多麼坎坷及不容易。

再經過另外三間展區後（互動式銀幕牆、3D電影院……），抵達0樓，導覽員推開大門，回到了2018年現在的以色列。我真的很讚嘆這個博物館的展場規劃與設計，從高樓層開始介紹起初神對這片土地的計畫與應許，中樓層介紹這片土地幾千年來經歷了多麼不容易的過程，透過多少歷史上大大小小的人物，一代接著一代才將歷史的「以色列」再次復國，而展覽的最後，當推開門走出去的這一刻踏的是以色列的「現在」，雖然這裡沒有一句導覽，但那種感動卻是被震懾住的，並且每個觀眾似乎承接著使命，將延續踏下的每一步伐。（我想絕對是設計的一部分！！）

看著科技結合藝術，訴說著以色列的故事，獨自坐在電影院裡，我覺得我找到了一些東西。

臨時起意，沒帶護照就去拉馬拉?! ◇

2018.06.23

—

這禮拜是倒數第5個安息日，為了把握在以色列所剩不多的每一天，決定出門到街上走走。

步行幾公里抵達市中心後，到一間難得在安息日有營業的咖啡廳吃午餐。沒想到巧遇上學期同班的美國交換生Elisheva也在咖啡廳裡做作業，她說她等一下要和朋友一起去拉馬拉（Ramallah），問我要不要一起？

我：「好啊！嗯……但在哪？」

她：「West bank（巴勒斯坦區）」

我在半年前曾獨自前往巴勒斯坦區的伯利恆，但不太喜歡那裡的氛圍，再加上當時獨自行動，充滿了防備心，對那裡的印象不太好，私自決定再也不去West bank。但這次有同伴一起，而且是我沒去過的地區，這麼有趣的一次冒險，Why not？

突如其來的的邀約，我連護照都沒帶就和Elisheva及兩位捷克交換生搭著阿拉伯公車一同出發前往拉馬拉！和伯利恆比起來拉馬拉比較生活化一點，不見特別設計過的觀光景點，映入眼簾的是民生店面及喧鬧的菜市場，在地的sharing taxi更是擠得水泄不通，彷彿每一口呼吸都是巴勒斯坦人日常的生活氣息。

特別的是拉馬拉人似乎沒有看過觀光客？！我們4個交換生不論走到哪裡都是大家目光所關注的，他們熱情喊著 "welcome! welcome!" 路過做餅的店鋪就有店員小弟直接遞一大塊剛出爐熱騰騰的餅到我們面前，請我們吃；停在街角的路人也搖下車窗跟我們聊天，再請我們吃她剛買的另一種口味的餅。

我們經過一座清真寺，因為不熟悉這裡的風土民情，又不想冒犯當地人，因此我們謹慎的披上長袖襯衫遮住手臂，更用絲巾將頭包起來進去清真寺的女生區參觀（好難得可以進去），外觀偌大華麗的清真寺，女生可進去崇拜的區域超小（分隔出來一個小空間），我們三個女生才脫下鞋子走進去坐下，立刻被一群穆斯林女子包圍，有小女孩、婦女、也有老阿嬤，全部朝著我們圍過來。我心裡默默地惶恐：「天哪！這什麼情況？我們會不會有危險？」然而她們超級無敵熱情又好奇地看著我們，劈哩啪啦開始跟我們聊天，其實也說不上聊天，因為她們講的阿拉伯語我們一點也聽不懂，只能用肢體及國際共通語言 — 微笑來回應。

其中一位年輕穆斯林女子嗨到不行，即便我們再三比手劃腳表示我們真的聽不懂她們的語言，她依舊用很快的速度不間斷地跟我們說話，我們三個呆滯地微笑看著她，試圖從一些詞裡頭猜她在講什麼，她問我們從哪來？「美國、捷克、台灣？」我抱著妳應該沒聽過台灣這個小島的心態說完「台灣」後，她興奮的說：「噢！接近韓國！日本！」，然後她用阿拉伯文呼喚周圍其他女子開始展開大微笑盯著我看，一副「天哪！我沒看過這種臉孔！」的表情，我著實尷尬。

她又問我們是穆斯林嗎？當她問到宗教相關的問題時，我們三人很有默契的裝作什麼也聽不懂，畢竟在這裡你說什麼也都奇怪。她很努力地跟我們解釋其實如果不是穆斯林不用把頭包起來沒關係，但我們還是依舊把頭包得緊緊，深怕一不小心冒犯到誰。

我們在這裡待了五分鐘左右，就決定趕緊起身離開，畢竟在個語言完全不通的情況下，面對眼前這位很嗨的女子一直傻笑也不是辦法。但她真的是熱情過頭，我們站起來她也跟著站起來，一個一個跟我們握手，握很久很緊的那種，還不忘貼超近繼續說話（臉和臉的距離約莫5cm）。

出來後，我發現我根本都還沒看到清真寺裡頭究竟長怎樣啊……

但真的是一個很有趣又好笑的插曲。

沒有任何計畫的我們在路上亂走著，整個城市根本收不到訊號（可能因為我們用的是以色列的電信公司），這裡也沒有免費wifi，所以我們只能憑感覺+問路人。

想坐下來休息喝杯咖啡，於是來到一間招牌有咖啡圖案的店，走進去裡面全部都是抽著水煙看著足球賽的阿拉伯男子，前一秒大家還專心盯著螢幕，我們一進去，全部人盯著我們，店員還安排我們坐在正中間，彷彿是動物園新到的動物被觀賞著。拉馬拉幾乎沒什麼人會講英文，我們點個飲料要透過好幾個客人傳話翻譯給服務生，我們也比手劃腳點了一支水煙來試試，偷瞄隔壁觀賞足球賽的巴勒斯坦阿伯，學如何抽著水果味的水煙吞雲吐霧。順帶一提，因為穆斯林不能喝酒，所以在這裡他們看足球配的不是啤酒而是咖啡或果汁！

最後我們趁著太陽下山前憑著印象走回巴士站，準備搭車回耶路撒冷。讓我緊張的時刻到了，從巴勒斯坦區到以色列需要過檢查哨，但因為我是臨時起意來拉馬拉，所以沒帶護照出門，原本想賭一把，看會不會幸運地不用檢查，但認真的以色列國防軍上巴士來一個一個檢查，查到我的時候，我拿出手機裡護照的照片給他看，女兵嚴肅的問我為什麼給她看手機而不是護照？我內心緊張但冷靜又誠懇的說我忘記帶護照了，但我有很齊全資料的照片（護照、入境卡、簽證等等），她看一看也沒說什麼就走了（超緊張的過程，幸好她放我一馬，不然後果我不堪設想……）。

在這裡再次呼籲大家，從以色列到巴勒斯坦區一定要帶護照，不是每次都那麼幸運！

後記

巴勒斯坦的物價超低，一瓶礦泉水才₪2（台幣16元）！同樣容量的礦泉水的在耶路撒冷要₪7（台幣56元）！我今天含來回巴士車票、水、飲料、零食、晚餐加起來才花₪37（台幣300元左右），比以色列的一餐還要便宜啊！

4	1
	2
	3

1.在巴勒斯坦自治區隨處可見巴勒斯坦國旗。 2.拉馬拉市中心街景。 3.4.阿拉伯市場攤販。

1.2.在路邊群聚和我們聊天的巴勒斯坦人。 3.和朋友在咖啡廳嘗試抽水煙。
4.從巴勒斯坦返回以色列經過檢查哨。

1.現烤的傳統餅店。
2.3.阿拉伯男人聚集抽水煙的咖啡廳。
4.行動販售阿拉伯傳統甜茶。

以色列講英文通嗎？ ◇

每次當我和周遭朋友分享到以色列生活時，十之八九都會被問到幾個關於語言的問題：「以色列是講什麼語言？」

「妳會講以色列文？」

「講英文通嗎？」

「英文不好怎麼辦？」

這個問題其實在我搭上飛機前往以色列交換的那一刻，也突然想說：「啊…我真的要去以色列了耶…我接下來這一年…溝通都可以順利嗎？」之前不曾在非中文系國家久住，身為從小在台灣長大的台灣小孩，雖然從小學英文，可以聽、可以讀、可以寫，但是要開口說英文卻是一件莫名難為情的事，害怕發音不夠漂亮、擔心文法錯誤……，每每出國旅遊也只是用簡單的英文字彙買完東西後倉皇離去。

「用英文一個人在以色列生活，我…真的可以嗎？」

以色列的主要語言是希伯來文和阿拉伯文，但因為猶太人曾經流亡，近70年來才紛紛從世界各地伴隨著各個國家的語言回歸到以色列這塊土地上，大部分人都會說英文，甚至我70幾歲的房東老奶奶也可以用英文溝通。年輕人的英文更不成問題（特別是特拉維夫），因為他們敢講。

我所交換的學校Bezalel藝術學院基本上全用希伯來語授課，但當班上有一位外國人時（也就是我），老師便盡量切換成英語模式教學，再不然，任意一位坐在旁邊的同學都可以成為即時口譯！一開始我都很不好意思開口問，即使聽不是很懂也假裝明白地頻頻點頭，而幫忙翻譯的同學們看我都沒提出問題，還會很親切地再三確認我是不是聽得懂？（以色列人超愛發問，所以沒有提問題對他們而言，是一件很奇怪的事——There must be something wrong!），如果聽不懂他翻譯的，儘管問沒關係，他可以用另一種方法再解釋到我理解為止。

雖然我在去以色列之前先學了一年的希伯來文，但平常溝通還是以英文為主。大部分以色列人對於華人都非常友善、熱情，很願意幫助你，和你聊天，再加上我們的面孔理當不會講希伯來文，所以更是不用害怕。不過當你會一些些他們的語言，他們更能感受到你對他們的認同，進而更接納你。

有一次我在耶路撒冷搭輕軌，坐在一旁陌生的以色列大叔突然轉過頭來用希伯來文問我會不會講希伯來文，我說：「會一點點。」他驚訝地看著這個東方小丫頭，怎麼可能會講這麼冷門的語言？接著我們開始用基本的希伯來文聊天，遇到我聽不懂的詞，以色列大叔還會用英文教我😂，然後不斷稱讚鼓勵我：「妳的希伯來文很不錯，真的很棒！」

不過有一點要注意，耶路撒冷常見正統派猶太教徒（他們的裝扮很好辨別，戴大帽子、穿一襲黑西裝的就是了！）他們通常不講英文、甚至更極端的不講希伯來文，他們所用的語言是Yiddish（意第緒語），因為他們認為希伯來語太神聖了（妥拉、舊約聖經的原文是希伯來文），只能在宗教儀式上使用，因此他們反對在日常生活中使用希伯來語。

所以在以色列要問路的話我通常會避免問他們，而且因為正統派猶太人對男女的界線非常清楚明確，不可以和異性交談接觸。

「那英文不好怎麼辦？」

因為以色列是非英語系國家，所以雖然他們會講英文，但是會帶有中東口音並且不是特別的溜，因此讓你不會害怕講英文！（不過也有很多是從美國回歸的猶太人，他們英文就超好⋯⋯）

我特別喜歡因為語言隔閡，彼此必須花更多力氣讓對方懂你心思的過程。

第一次在以色列剪髮 ◇

2018.05.22

上學期因為覺得在這個物價超高的國家剪髮一定很貴，一直死命活命撐了半年，寒假回台灣下飛機立馬奔向我的設計師剪髮。

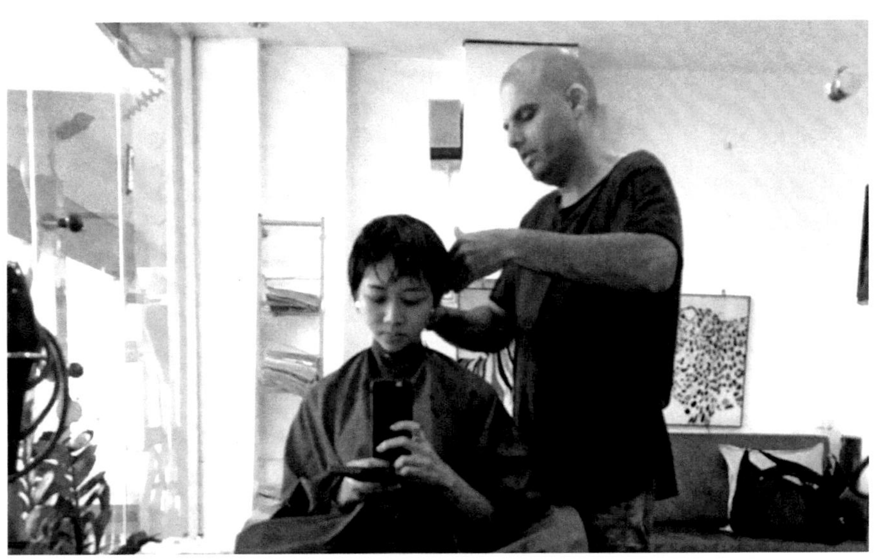

但最近突然想試試看以色列的髮廊，事先做了一些功課（在國外真的連這種小事都會先了解一下）我問朋友他們有沒有推薦的髮廊？大部分朋友都跟我說：

「以色列剪頭髮很貴，我都在家自己剪耶！」

「你可以來我家，我幫你剪！」。

問了好多朋友，比較了一會兒，再加上賭一把，就選了一間在特拉維夫中等價位₪140（等於台幣1120元）的髮廊。（特地選去特拉維夫剪髮是因為那裡的人比較fashion、重視打扮，所以踩雷的機率應該不大。）

從耶路撒冷搭公車到特拉維夫，興沖沖看著Google Map直奔這間朋友推薦的髮廊。

很小的一間店，裡面只有一個大叔理髮師兼老闆，看起來實在不起眼，有種家庭理髮院的感覺。我在門口猶豫了快10分鐘，到底要不要換一家，最後決定豁出去推開門走進去。

我跟老闆描述我要剪的樣子，怕英文溝通不夠清楚，還特地翻出手機照片，很明確地告訴他我要和照片上的一樣（也就是我在台灣剪的髮型），他一派輕鬆用以色列人"Hakol Beseder"的態度表示沒問題。

剪髮前他先幫我洗頭，我放心地想說應該沒問題了，終於可以享受我最喜歡的剪髮時光了。😌

殊不知，從這裡就開始感受到跟台灣差超多！！一般洗頭的椅子不是可以調整椅背、高度，客人的上半身幾乎躺平的嗎？洗髮過程還會洗髮、潤髮、護髮加按摩等等對吧？但我在這裡完全是靠脖子往後仰90度，洗頭速度超爆快又頗粗魯，好像在洗玩具一樣，劈哩啪啦我椅子還沒坐好，就洗完了！！！

我措手不及地回到座位上，理髮師大叔告訴我要開始剪囉！超快速的過程讓我不禁對我未來的髮型感到擔憂，超想落跑，但莫非這就是台語說的：「頭都洗落去矣，無剃袂使得。」（頭都洗下去了，非剃不可。）我手裡握著手機，螢幕顯示髮型的照片，握緊的程度就像天主教徒緊握十字架一樣🙃。

而大叔理髮師依舊一臉輕鬆，一邊討論告知我他會怎麼剪，一邊唱著歌。

大概十分鐘過去，他就去拿大鏡子照後腦勺給我看！鏡子裡的我真是一臉懵，瞪大眼睛、滿臉問號：「啊？剪完了？！！！」

老闆滿意地說：「對啊！不錯吧！」

接著又拿起吹風機對著我的頭吹兩下，不誇張吹兩下而已！就結束！

我頭髮還是濕的啊先生！！😭

我還自己要求說：「呃不好意思……我可以再把頭髮吹乾一點嗎？😅」

整個過程，從我推開門到結完帳走出去，大概不到半小時。

雖然聽起來有點驚魂記，但其實…剪得蠻不錯的！

只是下一次我會去體驗別間。😅

在以色列看的第一齣戲——無言的馬克白MACBETH מקבת ◇

2018.05.24

—

寒假回台的時候，北藝大老師問我：「所以以色列的劇場怎麼樣？」

我面有難色的說：「呃…我沒踏進去過欸😬」

老師：「啊？！那妳至少去幫我們看一下嘛！」

在北藝大讀了四年劇場設計，結果來以色列八個月連一齣戲都沒看過，好啦，我也覺得實在說不過去~😛🙃🙈

—

但，

我這不是來了嗎！😌

—

素描老師Neta有一天傳訊息問我要不要一起去Gesher Theater看Macbeth: word-less（莎士比亞的經典之作 — 馬克白），這次演出的特色是完全沒台詞，所以語言不通剛剛好😁。

我要先從買票開始講，因為這真的是折騰了我老半天。

中午要去 Old Jaffa 逛街前，我想說先繞去戲院Gesher Theatre買票，一切準備就緒我自己比較安心。結果戲院的大門還沒開，我在那附近觀望了很久，不得其門而入，也沒有任何看起來像工作人員的人。我上戲院網站查，卻啥都沒寫，試著打電話訂票看看，結果英文的客服永遠無法接通（這在以色列其實很常發生，轉接英文客服都是騙人的！！），於是我只好先去Old Jaffa逛。

3個小時過後，我又再跑一趟戲院，還是一樣！

決定先回airbnb洗澡，搭公車回去的路上剛好在和素描老師傳訊息，我跟她說我一直買不到票，不知道晚上能不能順利看到戲，她聯絡戲院以後說有開啊！我再折返，三度抵達戲院！大門一樣緊閉啊！我再打電話去問，這次我直接轉接希伯來文客服問個明白！原來，要先到戲院旁邊一個看起來和戲院毫無關係的白色小門——一個很小的辦公室裡面買票😵！我竟然

白白跑了3次耶，不禁想念台灣的售票系統，超方便又人性化！不過以色列戲票上竟然印有自己的名字，我就原諒它了~

幸好我有回去洗澡換衣服再來看戲，因為這裡的觀眾都穿得好體面！（普遍年紀偏大），他們不像英國看戲觀眾那種西裝筆挺、典雅洋裝，而是每個阿嬤都穿得超有型，個個看起來都像時尚教母或是大有來頭的藝術家。

看戲前，我去前台買節目冊，想說一方面多了解一下這齣製作的團隊及相關介紹，一方面也留作紀念，我問工作人員有沒有英文的？他們說沒有，只有希伯來文和俄文（因為以色列非常多俄國回歸的猶太人），我心好累……連英文都沒有，這叫一般

William Shakespeare

MACBETH: wordless

Stage-director, choreographer: Sergey Zemlyanskiy
Scenography and costumes: Maxim Obrezkov
Music: Pavel Akimkin
Light: Alexander Sivaev
Stage version: Rasa Bugavičute-Pece
Assistant director: Tanya Kozlova

Executive producer: Roman Kvelner
Technical director: Maxim Rosenberg

Soundtrack:
Olga Dyomina: cello
Sergey Permyakov: trumpet

First performance February 5 2018
Duration of the performance 1 hour 30 minutes without intermission

Artistic director: Yevgeny Arye
CEO: Lena Kreindlin

1.Gesher Theatre，購票處為左下角的白色小門。
2.3.Macbeth: word-less希伯來文節目冊。

觀光客怎麼辦……？我只好買了一本希伯來文的當圖畫書看。

走進觀眾席，素描老師和她先生很興奮的跟我說上方小螢幕會有字幕（提示情節）！結果戲一開始我就發現那所謂的字幕又是希伯來文和俄文……。坐在我前面幾排的素描老師轉頭對我尷尬的攤手微笑……。

但是幸好之前在北藝大就有讀過這個劇本，而且看戲前我又再趕快上網複習劇情😬，全劇的演員沒有一句台詞，所有角色、情節、情緒都透過肢體、舞蹈、音樂、燈光、舞台道具的使用來傳達，看的當下我真的心裡Wow了好多次！

例如我最喜歡它運用很簡單的道具 — 繩子（不確定材質是什麼）來代表生命，演員拉扯甩動繩子的節奏配合舞蹈加上音樂，目光盯著繩子逐漸劇烈波動，突然鬆手甩在地上，馬上可以傳達給觀眾劇情，畫面好美又將戲推到最高潮，非常有戲劇張力！！

好了，我可以和北藝大老師交差了！

當我在公車上醒來，竟然……！！◇

分享一個我在以色列難忘的奇特經驗（應該不會有機會再發生……）：

有一次我也是去特拉維夫找朋友玩，玩到了晚上8點差不多該回耶路撒冷了。

一般來說，往返這兩個城市有兩種最常見的選擇：

1）從特拉維夫的New Central Station搭405公車。

2）從特拉維夫Arlozorov Train Station搭480公車。

我盡量都選擇搭480公車，因為我很不喜歡New Central Station，環境比較複雜，每次到那附近我都神經繃很緊，緊張兮兮的前後左右瞻望。後來聽以色列朋友說那附近是特拉維夫最亂的一區，很多難民在那裡居住，治安也不太好。除此之外，中央車站那棟大樓很大，我常搞不清楚到底是去哪一層樓搭車，在大樓裡搭著手扶梯上上下下跑。

所以那次要回耶路撒冷前，我先查480公車的班次，很不幸，那天晚上已經沒車了。我問朋友說有沒有其他車可以搭回耶路撒冷？我真的不想在晚上去中央車站😭，她突然靈機一動，告訴我可以到附近某個車站直接搭公車回耶路撒冷，只是這班公車會繞Religious社區，所以車程比較久。我說沒關係，只要不用去中央車站，都好！

於是朋友陪我一起等車，車來了她用希伯來文跟司機確認這會到耶路撒冷後，我就刷卡上車了。

這班公車很特別，但我也說不上來哪裡不一樣，可能是因為我上車的時候車上都沒其他乘客，空蕩蕩的，但我也不以為然地找了個第3排靠窗的座位坐下來（因為我非常容易暈車，尤其是這種長途車，所以盡量都選前面的座位）。

果真，這班公車開始開進Religious neighborhood，我超興奮，我真的很喜歡看他們，但是對於我們這種外人是很不容易接觸的，Religious社區的居民極端保守，別說是我這種東方面孔，對他們而言根本是外星人了，我Religious的朋友告訴我，即使是她走進這種社區也會被用異樣眼光盯著看，因為每一個religoous社區都有自己的社群，他們不習慣也不喜歡被外界打擾。因此有這樣的機會進來Religious社區，我覺得好像在坐觀光巴士，

很興奮地看著社區內來來往往的人。公車一站一站停，陸陸續續有人上車，奇怪的是這些上車的婦女都坐離我好遠，都坐在後面，好吧，可能我對他們而言真的是異類吧！我繼續看向窗外，看著看著，就不小心睡著了。

我也不知道究竟是多累多睏？大概睡了有半個小時，當我醒來時，我簡直嚇到說不出話來，尷尬到不知道怎麼辦。

因為！！！

車上整個爆滿，而在我身旁的全部——我是說「全部」都是戴大帽子、留大鬍子、穿一襲黑西裝的極端正統派猶太男人！！😱😱😱😱

因為他們的教義男女界線很嚴格，不可以跟非配偶的異性交談、接觸、甚至連眼神接觸都不行，所以座位也會自動分出界線，男人坐前面，女人坐後面。

所以我一個穿著白色無袖的東方小女子就在一群黑衣大帽子先生區！😱😱😱😱

這時候我只想大叫：「我不是故意的啊！！」

但我只好故作冷靜，側著身體頭轉向車窗，盡量往右挪動屁股和旁邊的大帽子先生可以保持距離，用行動表示我真的沒有要冒犯你們的意思。憋著這尷尬又不知如何是好的情緒，到了耶路撒冷車站，我就趕快衝下車！

下車後，我趕緊打給我的朋友敘述一番我剛剛遇到的囧境。她大笑著說她也沒遇過這樣子的情況，但因為那是特別的巴士行經Religious社區，所以算是Religious bus😂，也難怪他們會這樣分座位。

我擔心地問：「那我會不會冒犯到他們？我坐在他們旁邊耶！」

朋友：「不會啦！妳是先坐在那個位置的，所以會坐在妳旁邊的大帽子先生一定是覺得沒有關係才去坐的。而且他們也不可以要求妳換位子，因為有這樣的界線是因為他們自己的信仰規範，不能用自己的信仰規範去要求別人配合自己。所以妳不用擔心😊！」

這下我才放心，也因為這次的經驗學到原來Religious bus有這樣的潛規則。下次如果再搭到這種公車，我會入境隨俗地走到後方選擇後面的座位，讓他們不感到困擾，也省得我自己很尷尬（真不知道在我睡得香甜的期間，有多少雙來自大帽子先生們驚訝的眼睛盯著我看……）。

#尊重文化差異 #以色列

交通小指南：耶路撒冷 — 特拉維夫

① #405公車

耶路撒冷上下車地點：

Jerusalem Central Bus Station 3rd Floor/Platforms 或 Jerusalem Central Bus Station/Unloading

特拉維夫上下車地點：

Tel Aviv Central Bus Station 6 Floor, Tel Aviv-Yafo

② #480公車

耶路撒冷上下車地點：

Jerusalem Central Bus Station 3rd Floor/Platforms 或 Jerusalem Central Bus Station/Unloading

特拉維夫上下車地點：

Arlozorov Train Station, Tel Aviv

星期日—星期四正常營運，星期五末班車約下午4點，安息日期間不營運。

千萬不要去這間餐廳NEVER GO TO THIS RESTAURANT ◇

#黑特餐廳

初到以色列，我還是個呆呆的觀光客，趁著學校開學前遊歷以色列著名景點，去了耶路撒冷舊城不少次，卻還沒有機會去聖經中亞伯拉罕獻以撒的聖殿山，因為聖殿山對猶太人和阿拉伯人而言都是聖地，所以嚴格管制（開放時間為：冬季Sun.-Thu. 7:30-11:00、13:30-14:30；夏季Sun.-Thu. 7:30-10:30、13:30-14:30），每次都在門口看到排很長的隊，因此今天為了成功上聖殿山，一大早餓著肚子衝去排隊參觀。

從聖殿山下來後肚子超餓，想找個地方填飽肚子，無意間經過舊城裡的這間餐廳（距離聖殿山和哭牆很近），餐廳滿大的，像一個洞穴，看起來挺有氣氛，但卻幾乎沒有客人。老闆看到在門口躊躇的我 — 唯一上勾的客人，非常熱情地招待，也沒有拿菜單給我，背誦了一番他們所有的餐點。

我點了以色列常見的街頭小吃：鷹嘴豆泥、沙威瑪、薯條。點完餐，等上菜的期間，老闆拿一個盤子要我自己去裝沙拉，我想應該是附的餐點（因為我沒點沙拉），就只好起身去裝幾片我其實不想吃的菜。

吃完後我說我要結帳，老闆煞有其事地點著盤子心算後喊出：「Ok！₪200！（折合台幣1600元！）」

我嚇得差點吐出來，這些在以色列再普通不過的食物（就像在台灣的魯肉飯），頂多₪80吧！

傻眼地瞪著老闆說：「不可能！這太誇張了！我不是觀光客，我住在這裡，在這裡讀書，我知道價錢！絕不可能這麼貴！」

滑頭的老闆愣了一下：「噢…呃……妳在這裡讀書啊？嗯……那我算妳便宜一點，只有給學生的優惠喔！₪170！」

我說：「太貴了！真的很誇張！」

他說：「我給妳的食物都很棒啊，都是最好吃的！妳看妳點的沙拉（?）很好吃，肉也就很好吃……」

我氣到不行但也不想再繼續吵下去，畢竟東西已吃下肚，而且我一個人在黑黑的洞穴餐廳，只好自認倒霉掏出兩張鈔票大翻白眼拿給他。

他最後找零的時候還說：「我算妳₪150好了，妳看，我對妳真的很好！」

🙄🙄🙄🙄🙄🙄

我一個瘦弱女子一個人吃了將近2000台幣的小吃，這話傳出去能聽嗎……

Friends Restaurant? I'll tell my friends never come to this restaurant!😤

#接連的一個禮拜我幾乎沒吃飯😢

P.S.舊城裡的餐廳通常是給觀光客所以都比較貴（也沒有比較好吃😂），而且越靠近哭牆越貴！

從此以後我殺起價來毫不客氣 ◇

以前常聽說去舊城一定要殺價，因為這裡的東西都是賣給觀光客的，他們知道你是外國人，一定會把價錢喊很高，至少要對半開始砍價。但我總是不好意思開口殺價，想說人家老闆也是賺辛苦錢，不殺價的我掏出錢包時，連老闆都於心不忍主動說「好啦不然少妳5塊錢」……

但自從這次經驗後，我再也不客氣了：

一

上次在舊城買了一個₪40（相當於台幣320元）以色列風格的繡花抱枕套後，又繼續走走看看，逛到另一間店的抱枕套也十分精緻，就進去問了一下價格。

老闆看我應該是個好騙的東方觀光客，臉不紅氣不喘地說道：「₪400」

我嚇得倒退嚕出店外。

隔幾個禮拜媽媽和妹妹來訪，不免俗地帶他們去逛舊城，路過那間店時還是覺得那個繡花抱枕真美，不禁駐足欣賞了3秒，順便告訴媽媽和妹妹這間店超坑，上次竟然喊價₪400。

正在告狀的同時，殊不知那位老闆認出我來說：「Hey！妳又回來啦？妳很喜歡這個抱枕對吧？」

我說：「對啊，但你賣我很貴！」

他說：「因為妳又回來了，所以這次我一定算妳便宜！」

我問：「多少？」

他：「₪800！」

#我笑倒在地

以色列舊城殺價小撇步

1.最接近城門口、哭牆的攤位都特貴，建議先問幾間價錢心裡有個底，走到裡面的攤位再開始買。

2.殺價從一半甚至更低的價錢開始砍（例如100元的東西，我會從40開始砍。但設定我頂多花60元要買到）。

3.跟他盧久一點。

4.轉身假裝要走，他就會說好（就算他沒把你攔下來也沒關係，舊城的東西每一間都大同小異）。

5.他們會問你來自哪裡，你以為是關心，但其實他在打量價錢要訂多高。例如他們覺得美國人很有錢，給美國人的價錢就爆貴！

6.有些店家會貼心問要用舍克勒還是美金付現？我會建議盡量都用舍克勒付，他們用美金訂的價錢會比較高。

實況演練

我：這多少錢？

我：40　　老闆：100

我：50　　老闆：90

我：60　　老闆：80

我：No！60！（準備要走）　　老闆：70

老闆：Ok, ok, 65, I give you the best price（自以為已經給我很低的價錢，預設我會說好，拿塑膠袋準備裝起來）

我：60！　　老闆：Ok. 60. Only for you!

Bonus

他們對學生特別好，所以當你殺價殺得差不多，再來個撒手鐧說你是學生沒有錢，他們就會給你一個學生優惠！！（這招很好用！）

以色列到底安不安全？◇

大家聽到我去以色列當交換生一年，第一個反應絕對是「你瘋了嗎？」「以色列安全嗎？妳一個女孩子會不會很危險？」…

以色列到底安不安全？這個問題我要舉一個好氣又好笑的故事作為解答：

朋友7月份時來耶路撒冷找我，我帶他們去舊城大馬士革門附近有名又好吃的路邊攤吃以色列街頭美食 — 沙威瑪（Shawarma）。剛買好坐下來準備開動時，一位穿著阿拉伯傳統服飾的缺牙老阿伯走向我們這桌，看我們是外國人就開始跟我們搭話。

阿伯問我們：「來自哪裡？」「來這裡做什麼？」「要去哪裡玩？」接著講了很多關於自己的事。當時我肚子超餓，而且那位阿伯講的話滿奇怪，我就以微笑打發他繼續吃我的shawarma，從頭到尾都是我的朋友在應付阿伯。

聊了5分多鐘，他終於回去他的座位（就在隔壁桌），但從頭到尾還是一直面向我們，盯著我們這桌看。

過沒多久，阿伯再度走向我們這桌，指著我朋友放在桌上的錢包說：「千萬別把錢包放桌上，你不知道這裡誰是壞人，搞不好有人看到你的錢包就跑過來搶走，就連我你最好也別相信。」

我和朋友都覺得他滿煩的，一直打擾我們用餐，朋友隨便打發了他，對他說：「ok ok」，然後把錢包從桌上拿起來，繼續吃沙威瑪。

吃完後，我們準備去逛舊城。一路上我們好像一直聽到背後有喊叫聲，但因為那裡本來就很吵，所以也不以為意，頭也不回地走向大馬士革門。

到了大馬士革門前，我們終於停下來拍照。這時，那個叫聲仍持續不斷，並且越來越靠近，一回頭，又看見那位身著阿拉伯傳統服飾的缺牙老阿伯，我們心想：「天哪！還跟來？到底有完沒完啊⋯⋯？」

與此同時，我朋友摸摸口袋，那位阿伯對我們揮著手，手裡拿著我朋友的錢包！

還我朋友錢包的阿拉伯阿伯。

我朋友立刻衝上前去，阿伯追得好辛苦，氣喘吁吁地說：

「年輕人，我才跟你說什麼？我叫你不要把錢包放在桌上，你就把它丟在椅子上嗎？！？！」

朋友拿到錢包後驚訝地跟我說：「太不可思議了！在以色列竟然有路人會追著你跑為了還錢包！在我的國家根本不可能發生！」

#Israel #safety #路人追著還錢包

—

我一個人背著背包在以色列到處跑，常常自己去餐廳吃飯，背包放在座位就去廁所；或在海邊時，背包丟在沙灘上，就跑下去玩水。

當然，時間很短，也得先注意四周環境，但基本上還算安全也還算幸運。

#個人經驗但我沒有推薦大家這樣做喔

身上唯一的金融卡不見了 ◇

前幾天晚上我在Old Jaffa公車站等車，準備赴約和朋友去吃漢堡。

等了10分鐘公車來了，正掏出我的卡夾準備刷卡上車時，驚覺：欸？我的金融卡怎麼不見了？？卡夾內只剩一張Rav-Kav（以色列悠遊卡）。

我在幾秒鐘內翻遍包包搜遍口袋都找不到，車門開了，我猶豫了一下是不是該回頭沿路找卡片，但下一秒還是決定踏上車前往餐廳。

在公車上我開始想各種可能性：我覺得不可能是被偷，因為我的錢包就在我的腰間，顧很緊，且特拉維夫治安滿好；也不太可能是掉在路上，因為我不會隨便在路上拿出錢包；唯一的可能就是剛剛幫媽媽去一間店代購結帳時，可能簽完名忘在那。而不知道為什麼當時我離開那間店時順手拿了一張名片，於是我將名片拍起來傳給朋友，並告訴她我的金融卡不見了，麻煩她打電話幫我用希伯來文問問。

朋友知道後著急問我：「妳離那間店遠嗎？要不要直接跑回去看？」

我：「我上公車前往餐廳了，我不想ruin我們約好的晚餐🙃」

抵達餐廳後，朋友一邊持續幫我打電話問（電話一直接不通），一邊要我趕快把金融卡掛失以免被盜刷。但我查資料、打國外掛失電話、用中國信託app要辦掛失，卻怎麼樣都沒辦法！！（很惱人）但我很冷靜因為我的中國信託金融卡和Line Pay綁在一起，所以如果被盜刷，我就會收到line的訊息，目前為止都沒收到訊息表示一切都還安好，更篤定應該是掉在那間店裡。

我說：「我們點餐吧！😀」

朋友遞給我她的信用卡：「用這張！」

我：「沒關係，我還有現金~」

朋友很堅定地說：「拿著！妳會需要用到現金，用我的卡！」

我去點餐，朋友繼續打電話，點完餐後，終於打通了，接電話的店員很著急地說：「對對對！！結完帳後我忘了還她卡片，我發現的時候追出去店外，她已經不見了！還好妳們打電話來，現在卡片在收銀機裡面很安全，看要等一下來拿還是明天來拿都可以！我都會在！」

鬆了一口氣，確定我的金融卡的著落了！朋友還是勸我暫停24小時的刷卡功能（她們說以色列有這個功能，但我用中信卡連掛失都有困難⋯⋯）

我說："Nah, never mind! Let's enjoy our burgers!!"

晚上散步時朋友說我真的是冷靜到不行，我說：「我知道這不是絕對，我也不該這樣說，但是一種很深處放心的信任感。」

當一個外國人在齋戒月碰上安息日
WHEN A FOREIGNER MEETS SHABBAT IN RAMADAN ◇

星期五趁著白天安息日來臨前，搭公車從耶路撒冷到特拉維夫附近的城市拉馬干找朋友玩。原本打算待3個小時，趕在下午還有大眾交通工具前回家。不料，一個不小心和朋友玩太久，到了下午五點已經沒有公車回家了！（對，又是安息日！星期五的末班車大約在下午四點。）

出發前就有心理準備可能會趕不上公車回耶路撒冷，但想說沒關係因為可以還有 Monit Sherut 可以搭。（Monit Sherut：全年無休的Sharing Taxi，即使在安息日也載客，但上車要給現金，不適用以色列交通卡Rav Kav。）

於是乎，17:40左右我就從拉馬干的朋友家徒步走了半小時到特拉維夫去搭5號Monit Sherut，再搭40分鐘的5號Monit Sherut去Central Bus Station（也就是環境比較複雜的中央車站）。

根據以往的印象，我大概知道這裡有車可以回耶路撒冷，但其實不太清楚確切等車的地點和車的樣式，到了Central Bus Station後，我一個人四處張望走來走去找車子。繞了中央車站一圈，走到一個很多Monit Sheruts的地方，司機們不斷吆喝著乘客，我找看起來滿和藹的情侶問一下到耶路撒冷的車是在這邊等嗎？那對情侶的男生跟我說：「對，所有的Monit Sherut都在這裡，但是每台車要去的城市都不一樣，所以每台車停下來的時候妳要問司機……嗯…最好要用希伯來文問……」

我在原地等了一會兒，接連問了兩台車都是要開去北邊的城市內坦亞（Natanya），突然其中一個司機問我我要去哪裡？我說耶路撒冷，於是他轉頭叫車上原本要去內坦亞的乘客下車，他說他現在要去耶路撒冷了！（哪招？！）看我一腳蹬上原本要開往內坦亞的車，那對剛被我問路的情侶猛拍司機的車窗，先是問我不是要去耶路撒冷嗎？我點點頭，他再用希伯來文問司機要把我載去哪？為什麼叫我上車？跟司機確認這台車會開去我的目的地耶路撒冷後，他才放心地讓司機載走我。

將近一小時的車程終於抵達耶路撒冷，我不是很了解Monit Sherut的站分布在哪裡，好像只要有乘客要下車，司機就會放他們下車。車上乘客越來越少後，司機問我我要去哪？我說舊城，因為我知道在安息日還可以在大馬士革門前的巴士總站搭阿拉伯公車回家。

歷經了一天的奔波，我已累得半死，終於走到大馬士革門的阿拉伯巴士總站，看到可以直達我家的201公車，一心想趕快跳上去搭車回家，殊不知這輛平常很熱門的公車竟然空蕩蕩，而坐在駕駛座的司機似乎也沒打算開車，我敲門問司機：「我可以搭這台車嗎？」阿拉伯司機微笑地跟我說現在（齋戒月）大家都去祈禱了！我再繼續問：「那這台車我可以搭嗎？（我沒有要去清真寺祈禱啊！！）」，他說現在這個巴士站塞車不出去了，妳要搭的話要去外面搭！我問：「外面？哪裡？」，他隨手亂比了一下後面，依然面帶微笑地說：「巴士站外面！」

我真的是笑不出來，這裡超混亂，塞車塞得一塌糊塗，而且「外面」到底是哪裡啦！我只好拿出Google Map徒步走向201公車路線的下一站，心想：你總會經過這站吧！這時候天色已暗，這條路是我不熟悉的阿拉伯區，這裡滿偏僻，路上沒什麼人經過，也沒有路燈。我自己一個人穿著無袖和超短褲走在路上其實覺得有點怕怕的。

走了10分鐘左右，終於抵達 Google Map 導引的公車站。在這偏僻的車站，只有我和一位帶著小孩的阿拉伯爸爸在等車。苦等了半小時卻不見任何一輛201公車經過，我僵在這裡等也不是、不等也不是（因為在安息日除了阿拉伯公車外的交通工具只有計程車了，但安息日的計程車司機都亂喊價，所以我不太想花冤枉錢攔計程車）。

就在我不知道該不該等下去的同時，旁邊這位阿拉伯爸爸問我在等哪班車？要去哪裡？我說我要等201公車到French Hill，他說他在已經在這裡等了將近一小時，沒有任何一輛公車經過，他打算走去巴士總站，如果我要去的話，他可以跟我說在哪。我苦笑地說我才剛從那裡走過來，因為公車司機說巴士站塞車，所以我才打算在這裡等。阿拉伯爸爸說因為現在是Ramadan（齋戒月），這裡雖然是201公車平常會經過的站，但可能他們因為塞車而改路線了，或是晚餐時間停駛，那不然我們再等個20分鐘，如果還是沒車，我們再走過去巴士總站。

我答應後，我們又繼續站在那裡等了10分鐘。

有一台阿拉伯Sherut經過（我根本認不出來，它就是一台普通白色的Van，外觀什麼也沒寫），阿拉伯爸爸趕緊攔下車，用阿拉伯文問司機這是要去哪裡的？跟司機確認後，阿拉伯爸爸回頭跟我招招手說：「Hey！這是妳需要的車！」我一頭霧水地上了這輛白色的廂型車，而他和他兒子繼續站在車站等車。

上車後，我還是不太懂這是什麼，車上全是阿拉伯男子，說著我完全聽不懂的阿拉伯文，我有點緊張，拿著手機Google Map確認這輛車是不是走在我要去的路線上。車上唯一會說英文的乘客用濃厚的中東腔問我要去哪裡？我說的地名他聽不懂，於是我給他看手機的Google Map，再跟他說希伯來大學附近，他幫我告訴司機我要去的區域，再不斷提醒我希伯來大學快到了，很怕我不知道要下車。我不放心地問這個sherut是走201公車的路線嗎？他說對，他再繼續關心：「所以妳知道妳要下車的站了嗎？」我說：「Yes, thank you so much!」

我下車回到家時已經晚上21:10了，筋疲力盡地攤在沙發上，心中默默感謝一路上幫助我回家的好心人。

#這裡的路人真的很友善
#不然我根本回不了家

1.齋戒月期間白天禁食的阿拉伯小孩。
2.3.阿拉伯巴士總站。

路人動不動就對我比這個手勢，是在罵我嗎？REGA! ◇

2019.02.11

—

我來介紹一個微不足道但在以色列隨處可見的小特色吧！

剛到以色列的一兩個月時，我一直很納悶，常看到路人比這個五個手指捏在一起的手勢，走在馬路上看到開車駕駛經常搖下車窗，對後面按喇叭的車比這個手勢，加上吼幾句希伯來文；到超市買東西問問題，也換來店員這個手勢，隨後掉頭走掉；在街頭也會看到路人手持這個手勢在激烈辯論……我對這個五指捏起來的手勢感到非常困惑，到底是不是在罵我呢？是和比中指一樣的意思嗎？那大家未免也太兇了吧！😱

我印象最深的是有一次我一個人跑去特拉維夫附近的赫爾茲利亞（Herzliya）想去海邊晃晃，快走到海邊時，有一輛大卡車正要倒車，另一位工作人員把我攔下來，並對我比這個手勢，我當下當然是停下來

（畢竟有車），但我超緊張，想說：他在跟我要錢嗎？這個海邊是要收過路費的嗎？還是我又被罵了呢？！😱😱

我站在那邊愣了很久，邊納悶邊等大卡車倒車，想著我到底做錯什麼了嗎？大卡車倒完車後，那位工作人員對我親切地笑一笑就走掉了，留下我在那裡左顧右盼，最後躡手躡腳地走向海邊。

隔天我把五指捏起來皺著眉問同學：「你可以跟我說一下這是什麼意思嗎？怎麼全部人都在比？他們是不是在罵我？」

同學大笑回答：「It means רגע（rega）！就是『等一下』的意思，有時候可能不方便說話、語言不通、或是不想講話，就比這個手勢，要對方等一下。」

之後我開始觀察路人比rega的樣子，通常都捏得很緊，比出來時有一個用力的頓點（有時候會多點個幾下），搭配上一聲"rega!"

以色列人沒什麼耐性，一有問題／意見／想法馬上發表出來，絕不會忍住／害羞／不敢講，在家裡、學校是這樣子，在街上對陌生人亦然。

但是當他們有問題要問清楚時，又會非常有耐心的追根究柢弄得明白，A方比著rega要對方聽他的論點，還沒講完，B方又更用力比出rega要對方聽他解釋。我記得我的房東老奶奶（快80歲）帶我去水電公司繳費，為了幾十塊的罰款，不斷跟工作人員爭論該誰付，我被晾在一旁像看比賽似的，看左看右看左看右，同一個問題吵了快2個小時，換了3個工作人員跟她吵，最後我受不了只好說好好好我付我付🤦。

—

Rega是以色列最常見的手勢也是最常聽到的話，所以下次如果在以色列看到有人對你比這個，他只是在跟你說"just a moment!"啦！

我曾經在這裡，跑完那段路

2018 JERUSALEM MARATHON ◇

最近在fb上看到Jerusalem Winner Marathon耶路撒冷馬拉松又開始開放報名了，來講講我在以色列最熱血的一次……

去年我在網路上看到耶路撒冷馬拉松活動，心想：哇~在耶路撒冷參加馬拉松感覺好有意義喔~🤩想完立馬完成報名！（即使我前幾天才因身體不適在浴室昏倒🤭）

活動當天清晨我興高采烈地起個大早，不確定確切地點所以提早3小時出門，走到家裡附近的輕軌站Givat HaMivtar悠悠地等車準備前往集合地點！殊不知，因為馬拉松活動，所以輕軌停駛，怎麼等也等不到。我改變計畫查看公車路線，趕快搭公車前往，沒想到才沒坐幾站，公車司機就用希伯來文宣布一些我聽不懂的事項，接著乘客嚷嚷抱怨完後都下車了，傻傻的我不知道發生什麼事，繼續待在公車上，接著卻發現這輛公車竟然沒有照著Google Map的路線行駛，接近市中心的路上出現許多交通警察指揮著，原來是因為馬拉松，所以許多路段都封閉，被越載越遠的我趕緊跳下車，眼看距離集合時間只剩一小時，我只好卯起來盯著Google Map快速步行5公里到集合地！（路途中還不斷繞路因為許多路段禁止通過😖）

突如其來的5KM+時間壓力+不停繞路，抵達集合地還沒開始跑，我就已經累得剩半條命。

到了集合點，綠色的大草皮上滿滿的人，還有搭舞台帶暖身及表演，發現好多來自世界各地的人都來共襄盛舉，起跑點更是插滿各國旗幟（猜是根據參跑者的國籍），我還有看到台灣國旗！

原本想說我在台灣時天天凌晨4點半去晨跑，應該不會太受不了，卻漏了考慮一點：耶路撒冷的地勢高高低低，超！難！跑！😱（難怪我跟我以色列朋友們說我參加馬拉松時，他們都抿嘴微笑拍拍肩膀說聲加油！）

路上的跑者不分年齡形形色色，好多成群結隊熱血的年輕團體，有些是放假的以色列軍人；有些爸爸媽媽穿著家庭T-shirt，推著娃娃車跑；有些是身障團體，同伴們一路推著輪椅跑。不過我覺得最有趣的是看到不少Religious猶太人竟然也一起熱血參與——我驚訝的原因是他們通常不太參與這種「世俗」活動啊——他們的穿著依舊符合教規，男生頭上仍戴Kippah（一定用髮夾夾很牢），褲旁露出縫子；已婚婦女包著頭巾，穿長袖，著緊身運動褲但外面必定再加件裙子！

一個看起來瘦瘦弱弱的東方女孩自己參加馬拉松想必很奇怪，路上不時會有人跑來你旁邊聊天，問要不要一起跑（但跑步就很累了，我真的是一點也不想聊天啊）。

沿路也會有礦泉水加油隊，在街道旁遞水給你（這必須得拿！因為以色列的礦泉水好貴啊！所以再不渴都要拿啊😂）

馬拉松的路線繚繞整座耶路撒冷城，跑進市中心、穿過城門，也沿著山路眺望大自然，耶路撒冷各式景緻盡收眼底。雖然跑得快喘不過氣（還要怕自己隨時再次昏倒），但一想到我正跑在這片我好愛的土地上，就擁有動力繼續往前，而沿路也都有未參賽的路人圍觀並大聲幫你加油打氣，我看到一位小妹妹舉著一張紙，稚嫩的筆跡寫著："You can do it!"

比起其他運動，我喜歡跑步，為了實現意志力比肉眼更先看見的目標。參加耶路撒冷馬拉松卻不只是為了跑步，更是享受用自己的速度踏遍這座城的每一條路，以及整個城市不分國籍同心做一件事。

—

當我日後看著這塊2018年的紀念獎牌時，

—

「我曾經在這裡，跑完那段路。」

1	2	4
	3	5

1.馬拉松參賽選手號碼牌與紀念獎牌。
2.3.起跑點可見台灣國旗。
4.跑經耶路撒冷市中心。
5.耶路撒冷高低起伏的地勢。

在以色列哭笑不得的觀影經驗 ◇

我本身是個很愛看電影的人，在台灣沒事就往電影院跑，特愛看一些冷門片。到了以色列，當然免不了想去以色列的電影院，看看以色列當地的電影。

因此我請一位讀電影系的以色列朋友選一部當地的電影，一起去看。

他選了得獎的以色列電影《Foxtrot》，以色列導演、以色列演員，想當然爾是希伯來文發音、希伯來文字幕（沒有英文字幕），朋友一再向我確認全希伯來文ok嗎？要不要換一部？但我很興奮地表示沒關係，想澈澈底底來個道地的以色列觀影經驗！

果不其然，兩個小時的電影時光，我兩眼發直坐在椅子上盯著銀幕發呆看畫面，什麼也聽不懂、什麼也看不懂，像一顆石頭被放在電影院椅子上，陪伴我的以色列朋友看完電影。

以色列電影《Foxtrot》電影票根。

這個觀影經驗雖在預期內，但不算太美好，隔了幾個月後，我和另外一位以色列朋友約看電影，並告訴他我上次看《Foxtrot》的時候啥都看不懂，這次換我選片。我選了一部得奧斯卡獎的《水底情深》，英語發音，希伯來文字幕，心想沒關係，雖然看不懂字幕，但至少可以聽得懂☺。

開開心心買了爆米花進電影院，終於可以看部電影過過癮。殊不知！女主角是位瘖啞人士，大半部片都在比手語，然後配上希伯來文字幕解說……😐😐😐

我和朋友相視而笑，我不過想好好看場電影啊，怎麼這麼坎坷！😂😂😂

#只好成為電影院最討人厭的那種人
#朋友在一旁偷偷輕聲幫我翻譯😅

《水底情深》電影票根。

順帶一提，我和Religious猶太朋友去看電影時，她堅持帶我一家比較遠的電影院「Cinema City」，我納悶地問：「為什麼不去『Yes Planet』電影院呢？不是比較近嗎？」

她說：「因為耶路撒冷只有這間 Cinema City 電影院是Kosher的（符合猶太教潔食條例）。」

我納悶又驚訝的問：「蛤？什麼意思？電影院也有分Kosher嗎？」

她：「對啊，因為如果在安息日也有營業的電影院就不Kosher，在裡面賣的爆米花也不Kosher，所以我就不能吃。這間Cinema City有休安息日，所以我看電影只會來這間Kosher的電影院！😊」

從此以後，我又得到一個小知識，只要在安息日營業的店家、餐廳就是不Kosher，裡面所賣的食物都不符合Religious朋友的標準。

—

P.S. 以色列電影票價；

普通票：₪40（台幣320元）

學生票：₪30（台幣240元）（但是他們只看以色列學校學生證，國際學生證不算數！！！）

Kosher電影院票根。

每次互動都讓我更加確定 — 沒有愛錯，以色列 ◇

2019.12.11

—

藝術家朋友Emmanuel強力推薦我一定要去北邊的小鎮采法特צפת（Tsfat），他說那裡風景很漂亮又有許多藝術家，很值得拜訪。於是我從海法搭火車再轉公車，大約兩個小時的車程前往采法特。

公車上一對來自美國的夫妻問司機若要去采法特老城（主要的觀光景點）要在哪站下車？公車司機的英文不好，無法溝通，車上的一位包頭巾的猶太老媽媽聽到後，主動走到前方說她會英文可以幫忙，並請司機在最近的車站放他們下車，猶太媽媽自己也下車帶路。

我要去的地方也是老城，和這對美國夫妻一樣，於是雖然Google Map導航的站還沒到，我也趕緊跟著美國夫妻及猶太老媽媽一起下車。

下車後我卻不想跟著他們走，我站在山路邊，前後左右看一圈都不知道該往哪個方向走…，打開google重新導航，但路線看起來令人不太放心。我往上坡的方向走了幾步後，迎面走來三個穿長裙的猶太女孩（看起來是高中生），我上前去問路：「請問老城是往這個方向走嗎？」

一位英文比較好的女孩回答：「不是往這個方向。」

我：「那…我應該要往哪走？」

她們用希伯來文討論比劃了一番後，說：「跟我們走吧！」

其中一位黑色捲髮女孩走在最前面帶路，我和另外兩位跟在後頭，英文比較好的女孩沿路和我聊天，問我從哪裡來？現在住哪裡？……

我們四人走了將近10分鐘快到老城時，黑色捲髮女孩及另外一位突然和我們道別，我還愣愣的不知道發生什麼事，英文較好的女孩（照片中這位）對我說：「我們差不多快到了，因為她們要趕去別的地方，所以先走了。我會帶妳去，不用擔心！」

她帶我穿過好幾條小巷，好多隱密的樓梯捷徑…終於我們已經在老城區了，原以為她會告訴我差不多就這裡，並折返回她原本要去的地方，沒想到她問我來這裡最想看的是什麼？我說聽說這裡有些藝廊，於是她彷彿又接到指令般，即使不確定藝廊在哪，也沿路問人，四處探路，直到將我確定帶到老城的藝廊區，才卸下任務與我道別。

路途中，她好奇我為什麼來以色列這麼多次，每次又都待很久？是什麼這麼吸引我？

我簡短答道：「我喜歡你們的文化還有人。」

她靦腆笑說：「這也是我最喜歡以色列的地方😊。」

我看看手錶，她帶著我走了將近30分鐘。

#每次互動都讓我更加確定 #沒有愛錯 #以色列

帶我走到采法特老城的猶太女孩。

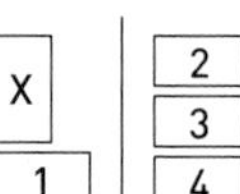

1.采法特最主要的藝術巷（這裡大部分的畫廊嚴格禁止觀光客拍照）。
2.采法特和耶路撒冷、提比里亞和希布倫一起被列為猶太教四大聖城之一。
3.4.采法特小鎮的特色是米黃色石屋及藍色門窗、欄杆。

S UL ART GAL
LOVE OF
TORAH
Nicky Imber

這一幕，我想幫她留下來 ◇

2019.12.27

—

今天是光明節的第五晚，我的計畫是傍晚5點去舊城的猶太區（Jewish Quarter），看住在舊城裡的猶太家庭在門口唱歌點光明節蠟燭，再沿路走到哭牆近距離看很大的Hanukkiyah（光明節燈台）。於是不論今天耶路撒冷再冷、刮大風、下大雨，我都按著自己訂的行程跑去。

因為風雨實在太大（和台灣的颱風簡直不相上下），體感溫度只有4度，到了哭牆發現竟沒幾個人，我暗自竊喜終於有好機會可以拍好多好多照片！扔下雨傘，拿著相機，東奔西跑捕捉我等了很久的哭牆空景照。

我在哭牆的女生區盡情拍照時，看到一位黑衣黑裙黑襪撐著黑雨傘的女士站在哭牆前祈禱了好久，看背影我不太確定是不是遊客，她的衣著不像是在地Religious猶太教女士的打扮，也不像一般遊客興奮地和哭牆自拍，或請身旁朋友幫她拍張「祈禱照」，而是選擇在狂風暴雨的夜晚獨自來哭牆誠心祈禱。這一幕，我想幫她留下來。

哭牆女生區只有我們兩人，我站在她身後5公尺處安靜地攝影，等她祈禱結束，倒退著走出哭牆去和她的先生會合時，我悄悄觀察他們的長相和舉止應該不是以色列在地人，而且看起來是勤儉樸實的觀光客，或許為了這次的朝聖，他們存了很久的旅費，於是我決定上前去跟她說話。

我：「妳好，我剛幫妳拍了一張滿特別的照片，整個哭牆只有妳在祈禱。通常這裡塞滿了人…所以滿難得的……，如果妳想要的話，我可以把照片傳給妳。」

我邊說邊秀給她看我相機裡的照片，她用一種不可置信的眼神看著我，應該對我的舉動充滿疑惑，說：「噢！謝謝妳！真的很特別，我很喜歡耶，妳說妳……可以傳給我？」

於是我用Airdrop直接傳給她。

我：「Where are you from?」

她：「立陶宛。」

—

「我幫妳拍了一張照，我可以把照片傳給妳」

那天，我坐在舊城的屋頂對著金頂寺發呆時，

一位戴Kippah的猶太老師這樣對我說。

沒有收一毛錢，沒有任何意圖，

就是想幫你把這一刻留下來。

明年

耶 路 撒 冷 見

Chapter 6
反思・想念

我之所以愛以色列THE REASON I LOVE ISRAEL ◇

2018.09.24

猶太新年後，以色列開始一連串的節日。

今年中秋恰好遇上以色列的住棚節，我對這一天印象特別深刻，去年此時我剛到以色列沒多久，我記得有一個晚上我和猶太朋友在等紅燈過馬路時，抬頭一望天空，看到很圓的月亮，想起今晚正好是中秋節。於是我興奮地告訴身旁的以色列朋友：「今天是台灣的中秋節耶！」

我心想：我問了我的猶太朋友好多好多猶太節日的典故，舉凡猶太新年、贖罪日、住棚節、歡慶妥拉節等等，終於換我有機會分享我們的傳統節日了！

以色列朋友：「哇！中秋節是什麼？」

我：「這是我們三大傳統節日之一喔！」

以色列朋友：「那在這一天你們會做什麼？」

我：「我們會和家人聚在一起看月亮，吃柚子，吃月餅和烤肉！」

以色列朋友：「聽起來很有趣耶，為什麼會有這些習俗呢？這些食物的用意是？」

我開始面有難色，支支吾吾地説道：「嗯…看月亮是因為這一天的月亮是一年當中最圓的……柚子好像是因為這個季節盛產柚子，而烤肉……是因為一個醬油的廣告開始流行的……😅」

講完後不只我的以色列朋友困惑地眉頭深鎖，我更是尷尬得感到無地自容。

在以色列經歷過所有大大小小的猶太節日，我一天到晚問朋友這些節日的典故、習俗、規範……發現他們不論是不是Religious猶太教徒都對這些瞭若指掌，能夠滔滔不絕、如數家珍地告訴我所有典故，而且大家的版本都一樣；而我們的大節日不過那三個，我卻講得如此零零落落……

因此，追尋文化（不論是以色列或是自身）成為我在以色列期間最大的興趣與目標，從探索別人的文化中明白自己「根」的重要性。

在我開始學希伯來文後沒多久，有一次我的希伯來文老師給我一項作業 — 寫一篇妳最想用希伯來文說的事情。

我訂的題目是：

"The Reason I love Israel"

אנשים ישראלים אוהבים לשאול אותי למה אני אוהבת את ישראל. אני אוהבת את האנשים, את החיים ואת התרבות בישראל. זה שונה מאוד מטייוואן.

מה שהרשים אותי במיוחד זה שישראלים מכירים את התרבות שלהם טוב מאוד. גם החברים החילונים שלי מכירים את המסורת ואת הסיפורים שמאחורי החגים היהודיים. כשאני שואלת אותם על חגים יהודיים,הם תמיד מספרים לי את כל הפרטים בשמחה. אני חושבת שהם אוהבים חגים ורוצים שתמיד יהיו חגים. הם מכירים את השורשים שלהם.

במדינה שלי,בטייוואן התרבות המסורתית לא חשובה לאנשים. הם אוהבים את התרבות המערבית,במיוחד כת התרבות האמריקאית.

התרבות הטאיוונית לא חשובה גם לי. יום אחד חברה שלי ביקשה לספר על חג טייוואני חשוב. זה העציב אותי כי לא יכולתי לספר את הסיפור שמאחורי החג או להסביר את משמעותו. פשוט לא ידעתי. אחרי שביקרתי בישראל אני הבנתי שזה חשוב לדעת מי אתה. אני חושבת שכדאי להכיר את השורשים שלנו ולטפח אותם.

中譯

以色列人喜歡問我的一個問題是：為什麼妳這麼喜歡以色列？我喜歡以色列的人、生活以及文化，這和台灣非常不同。

讓我印象特別深刻的是，以色列人非常了解他們的文化。即使是我的世俗朋友（非虔誠猶太教徒）也都了解猶太節日背後的傳統和故事。當我向他們詢問猶太節日時，他們總是很高興地告訴我所有相關的細節。我覺得他們喜歡這些節日，並願意將這些節日傳承下去。他們知道自己的根源，了解自己是誰。

在我的國家台灣，傳統文化對人們而言相對沒那麼重要。人們崇尚西方文化，尤其熱愛美國。而我也不例外，我自己並不非常重視自己國家的文化。有一天，我的一位朋友請我解釋一個台灣的重要節日，這讓我很難過，因為我竟然無法說出這個節日背後的故事及意涵。當我來到以色列之後，我意識到了解自己是誰是很重要的。我認為我們應該了解自己的根源並不斷傳承。

我將這篇文章唸給許多以色列朋友聽，一方面是練習我的希伯來文，但更重要的是我想告訴以色列人你們對文化的重視帶給我的啟發，或許這是你們習以為常的生活，卻是灌溉生命可貴的源頭。

像當地人一樣生活，像觀光客一樣發現
TO LIVE AS A RESIDENT AND TO SEE AS A TOURIST ◇

2018.03.12

—

每週來猶太市場，從聽不懂老闆講的希伯來文價格，慌忙掏大鈔給他找錢，到現在幾乎拿給他剛好的零錢；

日漸熟悉的街道，從我問路人路，到現在路人問我路。

逐漸融入的同時最害怕被「習慣」給蒙蔽雙眼，忘了如何在日常中「發現」。

—

To live as a resident and to see as a tourist.

以色列傳統市場街景。

1
2
3

1.2.安息日的Machane Yehuda Market，可見精彩的塗鴉。
3.市場內我最喜歡的果汁店。

以色列傳統市場街景。

1 2 1.星期五車水馬龍的耶路撒冷市場。 2.星期五的耶路撒冷市場有街頭表演。

我想念他們，即使我們不認識
I MISS THE PEOPLE, EVEN IF I DON'T KNOW THEM ◇

2019.03.10

回到台灣後的每個禮拜我都會固定和以色列朋友打電話聊天。

我：「I miss Israel so much⋯」

朋友：「妳最想念以色列的什麼？」

我：「人。我常常反覆看在以色列拍的照片，連照片裡的路人我都覺得我好想他們，即使我根本不認識。」

朋友：😯（傳給我一個吃驚又疑惑的表情）

我：「妳應該無法理解我在講什麼，反正我真的好想你們。」

在以色列時我最大的興趣就是走在路上「看人」，看著在公車上包頭巾的猶太婦女喃喃讀著祈禱書；看戴大帽子的猶太爸爸牽著頭戴Kippah的孩子上市場買菜；看著站在街頭身穿一襲軍綠的以色列男兵女兵拿著步槍保家衛國；看在哭牆祈禱的人們為了聖殿被毀而邊禱告邊哭泣呼求⋯⋯看著想著，我總會被感動⋯⋯

照片與記憶裡耶路撒冷的街頭，正統猶太教男人一襲黑西裝白襯衫，頭戴大帽子、帽子底下還有Kippah、頭髮兩側留著捲捲長長的鬢髮、大鬍子，褲旁搖曳著白色繸子；猶太女人一年四季上衣袖子必須長過手肘、著過膝長裙、甚至裙子裡面要穿褲襪，已婚婦女必須以頭巾、帽子或假髮遮蓋自己的頭髮；每當在路上看到猶太家庭，我一定開始數這個家庭有幾個小孩，經常見到的景象：牽著五個，推著二個，媽媽肚子裡還有一個；安息日不能工作、不得碰電器用品、甚至連碰插頭或按開關也不行（他們為此發明 Shabbat clock 、安息日電梯、安息日食物加熱平台等，為了方便生活卻不觸犯條例）；極端的猶太教徒甚至家裡沒有電腦，不能上網，沒有智慧型手機，只能用Kosher Phone（沒有任何網路功能，只能撥接電話）；他們的飲食只能吃符合猶太潔食條例（Kosher）的食物：不能吃豬肉，不能吃帶殼或沒有鱗片的海鮮，奶類和肉類不能混在一起吃，沒有認證過的餐廳、食物、食品全都不可以吃……還有好多好多數不清講不盡的規範，但他們全刻在腦裡，並實踐於生活，而這些都源自於猶太人的經典 — 妥拉（舊約聖經前五卷書）。每當我在路上看到來來往往的猶太人，就彷彿看見用信仰串起的時間軸，承接著千古一直到現在。

最令我動容的是他們不僅頭腦明白，更確確實實地付出行動，上帝說什麼該做，他們絕不馬虎（例如要生養眾多），上帝說什麼不能做，他們就絕對不去觸犯，之所以衍生了這麼多細則條例，都是以免有任何觸犯的可能。

許多人笑他們太誇張、太律法主義，但在評斷以前，想一想換作是我們，要我們隨便挑任何一條來遵守一輩子，都是多麼困難、幾乎不可能做到的。而他們，歷世歷代，即使顛沛流離、被屠殺遭迫害，都緊緊抓著這本妥拉תורה（Torah） — 不只是宗教的經典，在希伯來文裡תורה更是「指示、引導」的意思，因此他們將妥拉視為生命指南，遵照著妥拉生活，五千多年。

我曾經很認真地對我的Religious猶太朋友說：「我好敬佩你們！」，她問我：「為什麼？」我說：「你們為了信仰，造成自己生活上許多的不方便，那些規範條例對現代人而言更是困難，而你們仍願意堅持。」她開心地笑了，或許是在這大家都習以為常的環境下，第一次有人看見他們所作所為的意義；或許這在其他外國人眼中被視為過度誇張、甚至被嘲笑的宗教堅持，卻第一次有一個東方人為這些行為所感動。

我好想念他們，想念這個民族的毅力與凝聚力，想念他們真的把所信仰的活出來。

從以色列回來後，我決定不再吃豬肉（這在台灣真的是挺不容易的，幾乎沒什麼可以吃），一方面我想藉此成為一個連結，紀念我在以色列的日子，體會猶太人為了信仰的緣故所做的犧牲，更時時提醒自己我所相信的、所願意追求的；再方面，用這點「不方便、不自由」的感覺來惕勵自己不要忘了以色列人的精神，為了克服困難而去創造、想辦法，而不是一味鬆綁規範、喊著自由而忘記最原始被定義的價值。

「我們必須繼續做猶太人，我們也願意繼續做猶太人」◇

2019.01.19

「總有一刻我們將重新為人，而不只是猶太人！

……我們必須繼續做猶太人，我們也願意繼續做猶太人。」

前幾週去荷蘭阿姆斯特丹沒有機會去參觀安妮之家，成為心中不小的遺憾。回到台灣看到荷蘭安妮之家來台特展《安妮與阿嬤相遇》文宣時，手刀衝去參觀阿嬤家——和平與女性人權館。

猶太大屠殺X日軍慰安婦，這個展覽巧妙地將相同時代背景，相隔地球兩端的傷痕連結在一起。

用書櫃為障眼法遮擋通往閣樓（2樓安妮特展）的通道，以還原現場的形式規劃展覽空間。2樓展區更特別設計成輕輕踩下去便嘎嘎作響的木條地板，使得觀者走在上頭不得不小心翼翼，體會安妮一家人在閣樓上提心吊膽的生活。

當我看到這篇日記時，心裡特別有感觸，也彷彿得到一個解答：「1944/4/11……總有一刻我們將重新為人，而不只是猶太人！……我們必須繼續做猶太人，我們也願意繼續做猶太人。」

記得第一次參觀完以色列Yad Vashem（猶太大屠殺紀念館）坐公車回家的路上，我沿路看著耶路撒冷來來往往的Religious猶太人，心裡有好多感動，他們戴著黑色大帽子、黑色長袍西裝，頭戴Kippah、留著

小辮子、褲子兩側露出細繩……，他們經歷迫害被屠殺、至今仍在世界許多地方被討厭，沒有其他原因，只因為他們是「猶太人」。

然而他們依舊維持這樣非常明顯的猶太人穿著，毫不掩飾，不論在何時何地，他們始終如一。

他們「必須」，並且「願意」。

我認識一位Religious猶太朋友的奶奶，九十多歲，是集中營的倖存者，她每次看到我和我朋友時，都說我們太瘦了，要多吃點！我朋友說因為她奶奶以前在集中營沒有食物吃的日子太可怕了，所有人都瘦得乾癟癟的，所以現在她奶奶希望看到大家都多吃一點，這樣才是幸福。

很多集中營倖存者經歷了人間煉獄存活下來後，無法和人提起集中營的傷痛，也不再相信神。但這位朋友的奶奶生性樂觀開朗，願意提起，也願意放下，並將猶太信仰繼續傳承下去。

這個展覽其中一個展區的設計很有意思，原本我差點錯過直接走出展場，卻遇到一位志工強力推薦我重新走回去看。那是一個很暗的走道，掛著一管一管白色的燈，志工告訴我，如果你把手放在管子底下，就會在手心照出慰安婦阿嬤的名字，目前願意站出來的阿嬤有59位，但據統計，至少還有2000多位阿嬤經歷過擔任慰安婦的傷痛，因此，有些沒有放上名字的燈，是為了紀念他們，照在手心上，如同把她們捧在手心中。

我很喜歡這個展區的設計，更意外聯想到以色列猶太大屠殺紀念館的名字יד ושם（Yad Vashem），我曾經問以色列朋友這個名字的含義是什麼？朋友告訴我：יד（Yad）是手，ו（va）是and，שם（Shem）是名字。

我不知道策展人知不知道這個，不論如何，這個展覽的用心都讓他們的名字被捧上手心了。

我常在聊天中告訴我的以色列猶太朋友：我真的搞不懂為什麼世界上這麼多人討厭你們，

但我真的真的好愛你們！

—

“The time will come when we'll be people again and not just Jews!..., we will always be Jews as well. And we'll have to keep on being Jews. but then, we'll want to be.” — Anne Frank

當你有了一位以色列朋友，心就會像被懸在空中 ◇

2019.03.10

—

今天清晨以色列時間5:30，哈瑪斯從加薩走廊射飛彈襲擊以色列，落在以色列中部的Mishmeret。

人在台灣的我，看到以色列朋友臉書上的po文，趕緊傳訊息關心他們情況。她說清晨5:20她聽到警報響，趕緊衝出家門跑到隔壁的奶奶家，把90歲的奶奶帶到safe room裡面躲避，不到一分鐘，飛彈擊中離他們不到10公里的城市Mishmeret，炸毀房屋。

這位朋友的奶奶，就是之前提到歷經猶太屠殺集中營的倖存者。

每當看到有飛彈又朝以色列發射的新聞，就著急地傳訊息問住在那附近的以色列朋友他們還好嗎？他們對這種警報習以為常，知道如何躲藏，對於人禍就像我們對於天災那樣熟練。

想起在耶路撒冷的街頭，大帽子猶太大叔告訴我的那句話：「每個國家都有一些災難，有的是空汙、地震、龍捲風，而我們所遭遇的就是恐怖攻擊。我們每個人都會死，所以，試著為今天而活。」

但這卻是我第一次有朋友的生命離飛彈這麼近。

當你有了一位以色列朋友，心就會像被懸在空中。

所能做的，只有為以色列求平安。

—

Shalom
願你平安。

求你們平安PLEASE STAY SAFE... SHALOM ◇

2019.05.06

—

最近，以色列與加薩走廊的情勢越演越烈，看著社群媒體的即時動態更新，越發感到焦慮與憂心。

昨晚再度傳訊息關心我的以色列朋友們，問他們還好嗎？

其實原本以為他們會一如往常地給予我「還ok」「我們習慣了」之類的回答。

出我意料地，每位朋友都回覆我他們覺得這次的攻擊很恐怖、太瘋狂了、很久、不知道什麼時候才會停止。

或是冷靜的告訴我：「還好，我家這裡只有聽到兩次空襲警報。」

而另一位朋友說這讓他想起去年他的一位好朋友在類似的情形下被炸死了。

我看到加薩走廊火箭不斷轟炸以色列南部別是巴的慘狀，趕緊問住在別是巴的朋友平安嗎？她說感謝神，她家的區域都還平安，直到戰火停息前，她和她5歲大的兒子Gilad會一直躲在安全室裡。

我說：「希望可以趕快停止戰火，恢復和平。」

朋友說："It never ends... just takes a break..."

我問：「以色列其實有能力一次就結束這一切，對吧？」

朋友說：「但是加薩走廊仍有許多人只是平民，和你我一樣，我們都不想傷害彼此。」

記得2016年底第一次到以色列，發現他們的打招呼用語שלום（Shalom）

竟然是「平安」的意思，問別人「你好嗎？」"?מה שלומך" 字面上的翻譯更是：「你的平安是什麼？」

從那時候開始，我就默默地很喜歡聽到以色列人互道Shalom，因為在這個日常生活用語中，卻聽到了祝福與期許。

2017年12月的光明節正逢安息日結束那晚，走在猶太社區遠遠的就看到一群人（老中青都有）聚在一起。

依著光明節的燭光，有人彈吉他有人敲著鈴鼓，很快樂地唱歌。沒有特定的曲目，只要有人起頭，其他20幾個人就會喝著唱。

其中一首的旋律我特別喜歡，我問我的猶太朋友這首歌的名字和歌詞意義：

עוד יבוא שלום עלינו

Od yavo' shalom aleinu

Od yavo' shalom aleinu

Od yavo' shalom aleinu

Ve al kulam

Salaam

Aleinu ve al kol ha olam,

Salaam, Salaam

Salaam

Aleinu ve al kol ha olam,

Salaam, Salaam

歌詞其實很簡單，就只有兩句一直在重複，意思是：

Peace will soon be upon us

and on everyone.

Upon us and upon the whole world.

—

但讓我印象很深的原因是這首歌謠裡同時出現並不斷重複著shalom（希伯來文的「平安」）和salaam（阿拉伯文的「平安」）。

複雜的歷史與情勢，我們不在其中很難理解更無須論斷。

對於他們，關於世界和平的歌謠世世代代流傳著，而至今依然渴望著。

我無權評論情勢，我只切切地關心我所關心的人們。

並語重心長地拜託他們："PLEASE STAY SAFE!"

安息日街頭走秀SHABBAT CATWALK ◇

2018.12.15

—

12月回以色列，我在Bezalel的同學Gilad問我安息日想去哪裡玩？他可以開車載我去看山去看海，講了一大堆後，我說：「我想去耶路撒冷市中心。」

Gilad納悶的問我：「耶路撒冷市中心？！妳知道的，安息日的耶路撒冷什麼都沒有啊！」

我：「我想去看人，感受安息日的氣氛，這是我回台灣後最想念的！」

於是Gilad尊重我的決定，載我到耶路撒冷市中心後，他說他對空蕩蕩的街道沒什麼興趣，要先去別的地方晃晃，問什麼時候要來接我？

我：「我可以在這裡待很久很久耶！之後再電話聯絡好了！」

一抵達市中心，背著相機衝下車！這是我最興奮的時刻！

整個城市幾乎所有店家都休息，路上沒有一台公車，小孩子騎著腳踏車嘻笑，人們散步在平日繁忙的輕軌軌道。

我拿起相機搜索我的目標 — 好多好多Religious猶太人頭戴大帽子、身披禱告巾，三三兩兩或一大家子走去猶太會堂，一條街上就可以欣賞到各種教派的服裝打扮 — 帽子款式：有的帽簷較小較圓，有的帽簷前面向下微彎後面向上微翹，根據派別、身分的不同，有些人還會頂著毛絨絨的帽子；西裝袍：有長有短，有黑色、有金色⋯⋯；兩側鬢角（Peyot）的造型：有些人只留一小撮，有些留很長，有的還會特地用成髮捲造型；褲旁繸子（Tzitzit）：猶太男人衣服裡面會穿tallit katan（方形背心，四角綁上細繩，也就是繸子tziztit），有些派別將tzitzit露在褲子兩側，有些放在褲子裡面，還有些派別會直接把tallit katan穿在衣服外面。

右上角為Tallit katan，猶太男人衣服裡面會穿的方形背心。

但因為猶太人在安息日不能用電子產品，就算拍照也不行，為了尊重他們的信仰與文化，所以我只在距離很遠的地方伸長鏡頭紀錄或是拍背影⋯⋯（很怕被發現，好刺激😆）

我覺得自己彷彿在欣賞一場精彩的走秀，使我陶醉的不只是真的很有型的穿著（看下一頁照片的大叔披禱告巾的方式多帥！🙁），還有他們歷久不衰的堅持。週間熱鬧不已、熙來攘往的耶路撒冷城，每逢週末，整個城市都安靜了下來，沒有週末狂歡、沒有下班血拼，而是回到關係裡，與家人團聚、與朋友上街散步。當他們走在我所視為的「伸展台」（街道）時，他們是這樣一路走來的，從三千多年前，一直走到如今，文化、信仰與精神在他們自信的步伐中綻放。

今天星期五，以色列的安息日快要開始了！在這一天，整座城放下了看得見的物質，使看不見的價值顯得更明。

Shabbat Shalom！安息日平安！

#看似一無所有卻樣樣都有
#Shabbat #Shalom #Jerusalem

人們散步在平日繁忙的輕軌軌道。

一切都是預備好的吧——台南妥拉藝術展策展人 ◇

2018年六月，我自己到耶路撒冷的Ein Karem去旅遊（靠近猶太大屠殺紀念館），朋友推薦我那裡有耶路撒冷最美的自然景觀。

獨自爬坡的途中，一位白髮怪老人靠近我開始跟我交談，從問路的路人變成旅伴（我其實一直想甩開他，可是他很熱心在每個景點等我）。這位怪老人叫做Gad，隨意盤著灰白色的長髮，衣衫襤褸不拘小節，他說他在耶路撒冷長大，但去印度住了一陣子，似乎信仰某個神祕主義。

旅途中，他問我喜歡以色列嗎？為什麼喜歡？想留在這嗎？想如何留在這？

我說：「我想用藝術的方式成為以色列與東亞的橋樑。」

他問：「How？如果妳能在15分鐘逛完這座教堂後，具體講出一個方法，我就可以幫妳！」

我滿頭問號的想說你是誰？我為什麼要你幫我？我幹嘛要跟你說？而且我想自己逛你可以先走！

不過他提出的問題的確讓我開始認真想如何更具體地走下一步。

15分鐘後，他在教堂門口處等我：「妳的答案是什麼？」

我：「辦展覽吧！以色列藝術展之類的。」

那是我15分鐘經過認真思考後的答案，怪老人沒有給我什麼有建設性的建議，我們下坡後便分道揚鑣，而我接下來也沒再去想展覽的事，

在Ein Karem遇到的怪老人。

只是把這個奇怪的插曲暗暗譜在記憶裡。

回到台灣的第一個月，台灣一間和以色列相關的公司Betaesh猶沐文化就找到我，問我有沒有興趣策一個以色列藝術展？

我是舞台設計背景，沒有策過展，卻憑著熱愛以色列的傻勁，答應了。希望讓更多台灣人認識以色列與希伯來文化。

經過幾個月和團隊的合作，全台灣第一場「妥拉藝術展」在台南揭開序幕。

那一刻，我猛然想起在Ein Karem與怪老人的交談。

• 策展理念

—

結束在以色列貝札雷藝術學院為期一年的交換計畫回到台灣後，隨即受Betaesh猶沐文化有限公司的邀請 ── 「辦一場以色列藝術展吧！」短短的一句指令，似乎加速發酵了以色列帶給我的影響。

2019台南妥拉展策展人。

出自舞台設計背景，這卻是我第一次的策展，憑著一股熱情和傻勁，就衝了。如同去年一股腦地衝去以色列一樣。我開始思考這一年來以色列帶給了我什麼？是什麼讓我如此熱愛這塊土地？而我又想把什麼帶回來給台灣的觀眾？

「根」這個概念強烈出現在我的腦海，以色列最讓我衝擊與感動的就是他們清楚知道自己是誰！深深了解自己的文化！當地的朋友不論是不是虔誠教徒，每當我問他們關於猶太節日的由來、意義、習俗等，他們都可以侃侃而談地分享。

「因為這就是『根』啊，像樹一樣，要有根才能往上生長，往下扎多深，才能往上爬多高。地與天之間，我們人類就在這中間。」以色列素描老師這樣對我說。

那瞬間，似乎解開我心中的答案 — 為什麼猶太民族在流亡世界各地兩千多年後，還能奇蹟地回到這片土地？即便歷經了千年風霜，猶太人並沒有忘記他們是誰，時間未將血液稀釋，他們世世代代傳承著「根」的重要性。憑著對故土的思念，他們得以復國、重建家園。歷史是他們生命的故事，土地更是他們的見證。而「妥拉」是這一切的源頭，也是猶太人的根本。

我開始思考我的「根」是什麼？又扎在哪裡？我在文化多元、資訊快速而豐富的台北長大，漸漸地，卻似乎越來越不知道自己是誰，如同漂泊的浮萍，缺乏扎根的力量。而這正是這個世代的年輕人正在經歷的迷惘。

因此這次展覽以猶太的根本「妥拉」為主軸，拜訪了兩位以色列藝術家Yoram Raanan和Ellen Miller Braun，以妥拉為根基的藝術作品，帶出屬於猶太民族的故事與心跳，更以視覺化的歷史訴說希伯來文化的美麗與奇蹟。希望藉由看見猶太民族的對「根」的重視來喚起台灣人對自我文化的珍視。

不被當作是客人的那刻起，就感受到家了 ◇

很多人納悶以色列對我而言為什麼這麼有吸引力？

我常答：「文化」、「人」、「思想」……

可以從好多個面向來闡述她的魅力，講述她的獨特。

然而我問自己關於那最深層的原因——我想，是「歸屬感」吧。

—

闖蕩在距離台灣8323公里的中東國家以色列，人生地不熟地探險著。

2個月後，在人潮擁擠的市中心巧遇認識的朋友，第一次巧遇朋友的瞬間，如同正式跨越成為當地人生活一份子的門檻；

4個月後，麵店老闆娘在路上遇到我會要我多穿點別著涼；

6個月後，舊城許多攤販可以從眾多觀光客面孔中認出我：「Hey! You're still here!」；

8個月後，走在路上閒晃，坐在長凳上的咖啡店老闆對我說：「我很常看到妳！妳是這裡的學生吧，常看到妳背著相機在這附近，最近好嗎？」；

1年後，這裡的人、事、物都附著了一層熟悉的親暱，原以為只是我單方面的留戀，

然而，

朋友對我說：「You're our family!（妳是我們的家人啊！）」

老師告訴我：「I'll miss you, you're part of my life now.」（我會想妳，妳是我生命中的一部分。）

—

用心，走進他們；用時間，建立關係，

不被當作是客人的那刻起，就感受到「家」了。

我們都知道有些事正在發生！SOMETHING IS HAPPENING ◇

猶太藝術家Yoram Raanan。

2019.11.27

去年，因為工作而拜訪這位猶太藝術家Yoram Raanan；

今天，不為什麼地再度拜訪他。

我記得上次他感覺酷酷的，很藝術家性格，不太回答我的問題，讓我頗為緊張。但這次他卻超級熱情和友善，先是主動私訊期待我能再去找他，見面後更是不斷表示很高興再次看到我，興奮地一一解說他的新畫作，要我把他的工作室當作自己家，隨意走隨意看，又帶我去參觀他的花園，告訴我每一棵植物的故事與意義，帶我走一圈他在花園每一處的精心設計及手做木工，更邀請我去參觀他的得意之作 ── 最新蓋好的樹上Sukkah！！他在4米高的樹上蓋了一個木棚！！（照片就是在Sukkah裡拍的），Yoram告訴我這個Sukkah是直接卡在樹上，沒有用一根釘子固定。

我們爬上樹頂，站在Sukkah裡眺望死海，我不斷驚歎這也太酷了吧，這樣樹上的小木屋我只有在卡通可愛巧虎島裡面看過！！Yoram覺得我的反應很有趣，更有勁地邊比劃邊告訴我他對這個Sukkah的夢想藍圖：「等到一年後，這棵樹的樹枝會長得更茂密可以將Sukkah固定得更穩固，在節日時我和我兒子會把桌子椅子搬上來，全家人能夠在樹上看著風景野餐；我也會在附近種不同的果樹，蘋果樹、橘子樹、葡萄樹等等，這樣我們在上面野餐時，還能隨手摘水果來吃！明年的住棚節妳一定要來拜訪我們，我們可以一起在這個樹頂Sukkah享用住棚節晚餐！」

我陶醉於欣賞他源源不絕的創作及滔滔不絕的講解，內心卻忍不住疑問怎麼會變這麼熱情？

在我要離開的前20分鐘，我似乎明白了。

Yoram和他的太太及我站在花園小溪流邊聊天，聊到對以色列的熱情與正在做的事。

在Yoram搭的樹上Sukkah合影。

Yoram突然用很堅定的眼神看著我說：「妳知道我們來自西方國家（他們是從美國回歸的猶太人），那是個基督教的世界，他們希望我們猶太人都變成基督徒。我們猶太人在歷史上是長期被討厭、排斥、甚至要趕盡殺絕的民族，我們習慣了被大家憎惡排擠，直到……直到你們台灣人來拜訪我們，告訴我們你們愛以色列、你們愛猶太人、你們希望推廣希伯來文化。妳知道一開始有多難以相信嗎？我想說怎麼可能？怎麼可能會有人從遙遠的國家一來就說他們愛我們？然而現在，我竟然可以跟我的朋友說：『我有展覽在台灣，在那裡有一群喜愛我們的人！』這對我們而言很溫暖、很被愛。」

我被突如其來的一番話震懾住得難以發出一語：「哇……我…好感動……」

他們卻說：「被感動的，是我們。」

我告訴他們我也不知道這樣的愛與熱情從哪裡而來，這很難解釋與理解。

他們說他們彷彿正在經歷聖經的預言。

對於未來，我們不曉得，但我們三人異口同聲：
"Something is happening."

對耶路撒冷的感覺THE FEELING OF JERUSALEM ◇

2020.01.28

—

睽違一年，11月初終於又回到以色列，前兩週我都住在霍隆最好的朋友家，一起東奔西跑，到以色列各個地方旅遊。開心之餘，我總隱隱感覺我的心還漂浮著，似乎還沒真的降落。

直到兩個禮拜後我和朋友坐車到耶路撒冷，一出車站，看到熟悉的街景再度映入眼簾，我才興奮地不斷跟朋友說：「我回來了！」「現在我真的回來了！」

在台灣時我總和家人朋友說，我的靈魂還在以色列，只有軀體回台灣而已。

而抵達耶路撒冷的這一刻，彷彿我的軀體與靈魂終於再次合而為一。

隔天，我和一位現居澳洲的以色列朋友Shimrit聊天，她問我再次到以色列的感覺如何？

我說：「不知道為什麼每一次我來以色列感覺都不是『去』以色列，而是『回』以色列，一年沒回來我就快受不了。然後昨天當我到了耶路撒冷竟然有很明顯『回家』的感覺，讓我覺得好放心，也才感到平靜。之前好多人問我最喜歡的城市是哪個？我總在耶路撒冷和特拉維夫之間掙扎，但現在我別無其他答案，可以非常堅定地回答『耶路撒冷』。」

電話那頭的她停了一會兒，說：「哇……妳知道我現在感動得起雞皮疙瘩了嗎？從一個甚至非猶太教徒的外國人口中聽到耶路撒冷讓她有『回家』的感覺，真的很特別，我…很感動。」

接下來的兩個月，我在以色列四處遊歷，和朋友們見面（大概見了30位朋友），有意無意也聽到不少朋友對耶路撒冷的想法：「耶路撒冷太有壓力，氣氛太緊張。」「現在的耶路撒冷太宗教。」「耶路撒冷是我最喜歡的城市，但我不會選擇住在那。」「耶路撒冷只適合觀光，不適合生活。」

我不否認他們說的，耶路撒冷是三大宗教的聖地，許多人的信仰中心，有人說是離上帝最近的地方；耶路撒冷是歷史悠久的世界遺產，在這裡呼吸都彷彿能聞到歷史故事的氣息；但耶路撒冷確實也是很多衝突的地方，常出現在國際新聞版面、社會新聞版面；耶路撒冷是很宗教的城市，嚴謹遵守猶太教的規範，有許多對現代人而言的不方便，但她卻是個會讓人想念的城市，令人緊張的同時卻又令人心安定。

想著想著，便促使我更想在這趟旅程中明白我對這個城市的情感。想起第一次踏上這塊土地的歸屬感，仍緊緊擁抱著。

拍下一系列照片來形容這份感覺——是信任，是踏實，是安心，卻也是牽掛。

攝　影　作　品

توكل على الله

2118

по следам Иисуса
Израиль
Святая Земля
10 шекелей

15
10

YEHUDA ST.

釀旅人 49　PE0167

未知，是最好的安排：勇闖以色列

作　者	陳俞安
責任編輯	尹懷君
圖文排版	劉肇昇
封面設計	劉肇昇

出版策劃	釀出版
製作發行	秀威資訊科技股份有限公司 114 台北市內湖區瑞光路76巷65號1樓 電話：+886-2-2796-3638　傳真：+886-2-2796-1377 服務信箱：service@showwe.com.tw http://www.showwe.com.tw
郵政劃撥	19563868　戶名：秀威資訊科技股份有限公司
展售門市	國家書店【松江門市】 104 台北市中山區松江路209號1樓 電話：+886-2-2518-0207　傳真：+886-2-2518-0778
網路訂購	秀威網路書店：https://store.showwe.tw 國家網路書店：http://www.govbooks.com.tw
法律顧問	毛國樑　律師
總 經 銷	聯合發行股份有限公司 231新北市新店區寶橋路235巷6弄6號4F 電話：+886-2-2917-8022　傳真：+886-2-2915-6275

出版日期	2020年10月　BOD一版
定　價	590元

國家圖書館出版品預行編目(CIP)資料

未知，是最好的安排：勇闖以色列 / 陳俞安著
-- 一版. -- 臺北市：釀出版, 2020.10
面； 公分. --（釀旅人；49）
BOD版
ISBN 978-986-445-417-4(平裝)

1. 遊記 2. 以色列

735.39 109012683

讀者回函卡

感謝您購買本書，為提升服務品質，請填妥以下資料，將讀者回函卡直接寄回或傳真本公司，收到您的寶貴意見後，我們會收藏記錄及檢討，謝謝！

如您需要了解本公司最新出版書目、購書優惠或企劃活動，歡迎您上網查詢或下載相關資料：http:// www.showwe.com.tw

您購買的書名：________________________________

出生日期：________年________月________日

學歷：□高中（含）以下　□大專　□研究所（含）以上

職業：□製造業　□金融業　□資訊業　□軍警　□傳播業　□自由業

□服務業　□公務員　□教職　□學生　□家管　□其它_____

購書地點：□網路書店　□實體書店　□書展　□郵購　□贈閱　□其他

您從何得知本書的消息？

□網路書店　□實體書店　□網路搜尋　□電子報　□書訊　□雜誌

□傳播媒體　□親友推薦　□網站推薦　□部落格　□其他__________

您對本書的評價：（請填代號　1.非常滿意　2.滿意　3.尚可　4.再改進）

封面設計____　版面編排____　內容____　文／譯筆____　價格____

讀完書後您覺得：

□很有收穫　□有收穫　□收穫不多　□沒收穫

對我們的建議：________________________________

____

____

____

請貼
郵票

11466
台北市內湖區瑞光路 76 巷 65 號 1 樓
秀威資訊科技股份有限公司 收
BOD 數位出版事業部

....

（請沿線對折寄回，謝謝！）

姓　　名：＿＿＿＿＿＿＿＿　年齡：＿＿＿＿　性別：□女　□男

郵遞區號：□□□□□

地　　址：＿＿＿＿＿＿＿＿＿＿＿＿＿＿＿＿＿＿＿＿＿＿＿

聯絡電話：(日)＿＿＿＿＿＿＿＿＿＿(夜)＿＿＿＿＿＿＿＿＿＿

E-mail:＿＿＿＿＿＿＿＿＿＿＿＿＿＿＿＿＿＿＿＿＿＿＿